Arnaud DELPHIN

Managers !
Assurez dès votre prise de fonction

DUNOD

Pour contacter l'auteur :
delphin@evolutionplus.fr

Maquette de couverture : © Misteratomic

Illustrations : Rachid Marai

11 rue Paul Bert, 92240 Malakoff
www.dunod.com
ISBN 978-2-10-075235-5

REMERCIEMENTS

Je tiens particulièrement à remercier chacune des personnes suivantes pour leur contribution active à l'élaboration de ce livre : Jacques Adoue, Michèle Amiel, Paule Arcangeli, Pierre-François Chenu, Mylène Collin, Olivier de Conihout, Cécile Cloarec, Isaure Delphin, Sonia Delphin, Laurent Desplebin, Anne Esling, Jean-Michel Estrade, Laurent Fiard, Jean-Michel Garrigues, Hélène Gemahling, Philippe Golab, Bruno Laforge, Laurence Lehmann-Ortega, Noëlla Lemonnier, Manoëlle Lepoutre, Marc de Lombares, Loïc Mahé, Sophie Martre, Philippe Mellet, Laurence Ménard-Zantmann, Philippe Pauze, Bernard Planchais, Gilles Piquet-Pellorce, Michel Prudhomme, Michel Reny, Isabelle Sathicq.

PRÉFACE

À L'Espace Dirigeants, nous sommes spécialisés dans l'accompagnement de cadres supérieurs et de dirigeants pendant leur transition professionnelle. Nous les aidons à définir leur nouveau projet, à communiquer efficacement pendant leur recherche d'emploi, à rester focalisé sur leur objectif malgré toutes les déconvenues inhérentes à leur recherche, à négocier leur nouveau contrat de travail, et enfin à bien s'intégrer dans leur nouvelle entreprise.

Et que constatons-nous souvent ?

Que certains de nos clients relâchent leur garde une fois qu'ils ont trouvé. Bien inconsciemment, ils arrivent dans leur nouvelle entreprise en croyant retrouver leur ancienne, reprennent leurs anciens réflexes quotidiens.

Or chaque entreprise est spécifique, chaque environnement fonctionne d'une manière qui lui est propre. Vouloir travailler sans changer ses habitudes dans un groupe inconnu revient à jouer son avenir à la roulette russe. Tout peut marcher, mais si ça ne marche pas, le résultat est désastreux.

Et pourtant, avec certaines précautions, en observant un certain timing, la réussite de la greffe est certaine. Il faut utiliser ce que l'on a appris sur soi pendant cette phase de remise en question, poser les questions qu'il faut quand il faut, rencontrer tous les acteurs, observer, écouter.

Dites-vous bien que l'organisation qui vous a recruté va se poser, d'une manière explicite ou implicite, une seule question à votre égard au bout de quelques mois :

« Est-ce une bonne embauche ? »

Ce n'est pas votre patron seul qui va se la poser, mais, collectivement, une dizaine de personnes : votre patron, certes, ses collègues avec lesquels vous avez à travailler, son patron à lui, vos collègues, le DRH, certains de vos collaborateurs.

Et si la réponse est plutôt neutre ou négative, la période d'essai s'arrêtera là...

Comment faire pour éviter cela ?

Arnaud Delphin, associé de L'Espace Dirigeants, est coach certifié. Il accompagne ses clients jusqu'à la réussite de la greffe et en a tiré une expérience pratique qu'il décrit dans ce guide. Il y détaille les trois phases que vous allez traverser, les attitudes et comportements à adopter, les points-clés, les questions à poser, et surtout il vous montre ce qui peut se passer dans votre dos, les pièges, les réactions de rejet...

Si vous venez de trouver votre nouvel emploi, je ne peux que vous conseiller d'en faire bon usage. Ce serait dommage de ne pas réussir votre intégration dans ce nouveau poste que vous avez eu tant de peine à trouver, et qui vous plait tant aujourd'hui...

Michel Prudhomme
Ancien Élève de l'École Polytechnique
Président Fondateur Honoraire
L'Espace Dirigeants

INTRODUCTION

Ce livre a pour objectif de présenter les points-clés d'une prise de fonction réussie, en se plaçant résolument du point de vue du manager prenant de nouvelles fonctions et non du point de vue de l'entreprise. Nous ne traiterons donc pas ici des différents processus d'intégration qu'une entreprise pourrait mettre en place pour favoriser l'arrivée d'un nouveau manager, mais uniquement du questionnement et des actions que ce nouveau manager pourrait lui-même mettre en place pour réussir son entrée.

Une prise de fonction réussie se déroule habituellement en trois phases successives :

- avant la prise de poste, l'objectif étant de bien comprendre son positionnement ainsi que les enjeux de sa prise de fonction ;
- pendant les 100 premiers jours, l'objectif étant de savoir se positionner en écoutant, analysant et convainquant ses nouveaux collègues ;
- après les 100 jours, l'objectif étant ici de donner enfin la pleine mesure de son potentiel.

Ce séquencement se retrouve dans de nombreuses prises de fonctions, principalement dans des entreprises de taille conséquente (supérieure à 250 personnes) et pour des fonctions de management stables (sans nécessité de retournement rapide). Dans de tels environnements en effet, un recrutement est le plus souvent destiné à s'insérer dans la durée et la phase d'intégration peut dès lors être approfondie pour s'assurer que la greffe prenne au mieux.

Ce séquencement doit en revanche souvent être beaucoup plus rapide dans des environnements spécifiques comme dans des PME, dans des entreprises en retournement ou pour des fonctions de management de transition. Dans de telles situations, le manager doit en effet agir très vite, avec une efficacité quasi immédiate. Ce qui ne lui laisse souvent pas le temps d'écouter et de comprendre son environnement pendant 100 jours.

Ainsi, même si les phases de la prise de fonction restent identiques (une période d'étude, même courte, étant toujours nécessaire avant d'agir), les durées de ce séquencement doivent être souvent beaucoup plus rapides pour s'adapter à la situation d'urgence.

Enfin, la durée de cette période d'observation dépend aussi de votre niveau de responsabilité dans l'entreprise. Plus vous prendrez un job opérationnel et plus courte sera cette période.

Ce livre s'adresse à tout type de manager de l'entreprise, du nouveau chef de service au nouveau PDG.

Par définition, nous utiliserons indifféremment les termes de « business unit », « entreprise », « département » ou « service » pour désigner l'unité opérationnelle dont vous prenez la responsabilité. Ainsi, que vous soyez directeur général de toute l'entreprise ou en charge d'un département spécifique, nous vous invitons à considérer ces termes comme étant ceux de votre périmètre de responsabilité et à les adapter en conséquence.

AUTO DIAGNOSTIC

Pour chacune des affirmations suivantes, évaluez votre degré de maîtrise sur une échelle de 1 (peu) à 4 (beaucoup). Cochez la case correspondante.

1. J'ai déjà changé plusieurs fois d'entreprise.

1 ☐ 2 ☐ 3 ☐ 4 ☐

2. Je connais bien l'entreprise dans laquelle j'arrive (enjeux, personnes, modèle économique).

1 ☐ 2 ☐ 3 ☐ 4 ☐

3. Je connais la liste des actions prioritaires à mener dans les premières semaines.

1 ☐ 2 ☐ 3 ☐ 4 ☐

4. Je suis quelqu'un de naturellement patient et à l'écoute.

1 ☐ 2 ☐ 3 ☐ 4 ☐

5. Je sais comprendre et naviguer à travers les jeux de pouvoir.

1 ☐ 2 ☐ 3 ☐ 4 ☐

6. En quelques lignes, décrivez votre conception de la prise de fonction.

....

....

....

....

....

....

....

....

....

Brief du coach

- Si vous avez obtenu moins de 17 points, ce livre est fait pour vous. Lisez attentivement les pages qui suivent et réalisez les exercices proposés.
- Si vous avez obtenu entre 18 et 20 points, il est probable que vous ayez déjà une bonne connaissance du processus de prise de fonction. Lisez attentivement les témoignages de professionnels et comparez votre conception de la prise de fonction aux informations contenues dans ce chapitre.

  Vous trouverez des idées pour compléter et améliorer votre connaissance du processus.

Réussir dans sa prise de fonction nécessite de connaitre au préalable ce que vous attendez de cette prise de fonction et ce qu'en attend votre nouvelle entreprise. Peut-être avez-vous déjà pris vos nouvelles fonctions, ou ne disposez-vous pas du temps nécessaire pour vous pencher de façon approfondie sur ces questions ? Nous vous recommandons néanmoins de vous poser quelques instants pour faire le point sur votre positionnement professionnel et sur les enjeux de votre arrivée pour votre nouvelle entreprise.

1

BIEN SE PRÉPARER

ARGUME
NTS
marai

1 Clarifier son positionnement

1. Clarifier son positionnement
2. Comprendre les enjeux
3. Se rendre crédible
4. Comprendre l'environnement interne
5. Comprendre l'environnement externe
6. Améliorer l'organisation
7. Booster son équipe

POINTS CLÉS

→ **Pourquoi je prends ce poste ?**
→ **Qu'est-ce que j'apprécie dans l'équipe que je rejoins ?**
→ **Quelle est ma valeur ajoutée pour l'entreprise ?**

OBJECTIF Être dans la pleine puissance de vos moyens le jour de votre arrivée.

CONSEIL DU COACH Prenez du temps en amont pour affûter vos arguments et faire le point sur votre positionnement.

QUIZ

	Oui	Non
1 Vous sentez-vous motivé ?	☐	☐
2 Vos attentes sont-elles bien claires ?	☐	☐
3 Êtes-vous en accord avec la vision de votre future entreprise ?	☐	☐
4 Avez-vous toutes les compétences requises pour le job ?	☐	☐
5 Connaissez-vous toutes les raisons pour lesquelles vous avez décidé de changer ?	☐	☐
6 Savez-vous comment s'inscrit ce nouveau poste dans la perspective de votre parcours professionnel ?	☐	☐

Brief du coach

- Si vous avez répondu « oui » à plus de la moitié des questions, parcourez rapidement les jalons décrits dans ce chapitre pour être sûr de ne rien oublier.
- Si vous avez répondu « non » à plus de la moitié des questions, prenez le temps de lire en détail les lignes qui suivent.

Mes motivations

Posez-vous la question suivante : « Pourquoi je prends ce poste ? » Pour y répondre, prenez le temps de faire un point sur ce que vous aimez et ce que vous n'aimez pas, ce qui vous passionne et ce qui vous rebute. Ce questionnement est très important car il va vous permettre de valider si vous êtes en accord ou non avec la vision à long terme de votre future entreprise. Il est clair en effet que les motivations sont différentes suivant que l'on souhaite travailler dans la banque, l'industrie, les services ou le secteur associatif par exemple. Complétez le tableau de la page 10.

Ma personnalité

La question « qu'est-ce j'apprécie dans l'équipe que je rejoins ? » est une étape incontournable de la préparation à vos nouvelles fonctions. Beaucoup d'intégrations échouent en effet par manque de connivence du nouvel embauché avec son nouvel environnement (que ce soit votre équipe, vos pairs, vos supérieurs hiérarchiques ou fonctionnels). C'est le « *fit* », l'*intuitu personae* que vous pourrez avoir avec vos futurs collègues.

Nous vous proposons deux temps distincts pour répondre à cette question : mieux vous connaître, puis mieux comprendre votre relation aux autres.

Mieux se connaître

Il existe trois centres d'intelligence distincts en chaque être humain.

L'intelligence mentale

Souvent symboliquement représenté au niveau de la tête, ce centre d'intelligence est le plus connu en occident. C'est celui de la pensée rationnelle, du calcul, de l'analyse, mais aussi de la vision à long terme et des images associées. À tel point qu'on le qualifie souvent d'intelligence tout court, oubliant

C'est à vous !

En relisant votre parcours professionnel, vous faites un point de situation étape par étape (une étape professionnelle durant généralement de 2 à 5 ans).

Étape 1

- Ce que j'ai aimé : ....
- Ce que je n'ai pas aimé : ....
- Ce que j'ai appris : ....
- Évaluation de l'étape : ....

Étape 2

- Ce que j'ai aimé : ....
- Ce que je n'ai pas aimé : ....
- Ce que j'ai appris : ....
- Évaluation de l'étape : ....

Étape 3

- Ce que j'ai aimé : ....
- Ce que je n'ai pas aimé : ....
- Ce que j'ai appris : ....
- Évaluation de l'étape : ....

Repérez les points qui reviennent d'une étape à l'autre : il est probable que vous cherchiez à retrouver ce que vous avez aimé (et réciproquement) dans vos nouvelles fonctions.

se faisant les deux autres centres d'intelligence qui forment notre personnalité. C'est sur ce type d'intelligence que s'est construite la connaissance théorique, les sciences notamment. Les personnes ayant particulièrement développé ce type d'intelligence sont enclines à percevoir le monde « cérébralement ». Cette stratégie vise à limiter l'angoisse, à maitriser les situations potentiellement douloureuses et à acquérir une forme de sécurité grâce au processus mental permettant d'analyser, d'envisager, d'imaginer et de planifier. Tout le monde a recours à l'intelligence mentale pour développer les qualités de ce centre d'intelligence que sont la sagesse, le savoir, l'intuition et le sérieux.

À savoir

> Les personnes qui utilisent spontanément le centre mental, sont davantage centrées sur le besoin de sécurité, de certitude, de prévision et les débouchés futurs. Lorsqu'elles se sentent menacés, la peur et l'anxiété apparaissent.

L'intelligence émotionnelle

Souvent symboliquement représenté au niveau du cœur, ce centre d'intelligence nous est familier (qui n'a jamais ressenti d'émotions ?) mais souvent moins reconnu dans notre civilisation que le centre mental. C'est pourtant à ce niveau d'intelligence que nous pouvons ressentir puis évaluer le « *fit* » que nous avons (ou pas) avec certaines personnes.

Il existe quatre émotions principales, qui prennent leur source au niveau instinctif et s'expriment au niveau émotionnel : la peur, la détresse, la colère et la joie. L'ensemble des nombreuses autres émotions que nous pouvons ressentir par ailleurs peut être considéré comme une combinaison de ces trois émotions principales.

Les personnes ayant particulièrement développé l'intelligence émotionnelle sont habituées à percevoir spontanément l'humeur et l'état affectif de leur entourage, ce qui leur permet de maintenir un sentiment de relation avec eux.

À savoir

> Les personnes qui privilégient ce centre d'intelligence sont davantage centrées sur l'amour, le lien, l'affection, l'image et l'approbation. Lorsqu'ils se sentent menacés, ils vont ressentir de la détresse, de la panique et de la tristesse.

Ils ont particulièrement besoin de l'approbation et de la reconnaissance des autres pour nourrir leur confiance en eux et avoir le sentiment d'être aimé. Pour obtenir cette approbation et cette reconnaissance, ils créent une image d'eux qui amène les autres à les accepter et à les voir comme quelqu'un de spécial. Les personnes ayant particulièrement développé ce centre émotionnel ne sont pas les seules à posséder ce type d'intelligence et chacun de nous en dépend pour développer des qualités du centre « cœur », à savoir : l'empathie, la compréhension, la compassion et la gentillesse.

L'intelligence instinctive

Souvent symboliquement représenté au niveau du ventre, ce centre d'intelligence nous permet d'agir concrètement sur le monde extérieur, par notre corps. C'est cette intelligence instinctive qui nous permet de savoir qui nous sommes, quelle est notre place, quel est notre socle de valeurs inébranlables. C'est cette intelligence qui permet d'appréhender concrètement la réalité, avant même de ressentir une émotion ou de comprendre mentalement une situation.

À savoir

> Les personnes privilégiant l'intelligence instinctive sont davantage centrées sur la valeur, la congruence, le confort, l'harmonie, l'appartenance et le respect. Lorsqu'ils se sentent menacés, la colère et la rage apparaissent.

Les personnes qui utilisent spontanément ce centre privilégient l'intelligence kinesthésique, les sensations physiques et l'instinct. Ils utilisent leur position personnelle et leur pouvoir pour que la vie soit comme ils pensent qu'elle devrait être. Ils créent des stratégies qui consolident leur place dans le monde et diminuent l'inconfort. Ce ne sont pas les seuls à avoir recours à l'intelligence du corps pour trouver l'énergie nécessaire à l'action et pour se sentir incarnés.

Chacun des trois centres d'intelligence active donc trois émotions primaires que sont la peur, la détresse et la colère. Ces trois émotions correspondent respectivement aux trois réactions instinctives que sont la fuite, l'inhibition et la lutte, telles que les a décrites Henri Laborit et les ont reprises les tenants de la logique émotionnelle. La quatrième émotion primaire est la joie, correspondant à l'action.

Pourquoi étudier les différents types d'intelligence avant de prendre de nouvelles fonctions ? Tout simplement parce que nos comportements sont grandement influencés par le type d'intelligence que nous avons développé pour nous construire tout au long de notre vie.

Connaître vos réactions et vos émotions principales vous permet d'anticiper votre comportement dans un environnement particulier.

Chacun de nous active les trois centres d'intelligence tout au long de la journée, et même à chaque instant. Mais nous n'utilisons pas tous de façon identique chacune de ces intelligences. Certains d'entre nous peuvent privilégier le mental, d'autres les émotions ou d'autres encore les réactions instinctives.

C'est là qu'il est important, pour mieux se connaître, de se poser quelques instants pour identifier quel est le centre d'intelligence que vous utilisez en priorité. Avec quel filtre principal appréhendez-vous ce qui vous arrive ?

C'est à vous !

- **Relevez trois situations dans lesquelles vous avez ressenti une forte émotion (quelle que soit cette émotion).**

1. ....

2. ....

3. ....

- **Pour chacune de ces situations, quelle intelligence avez-vous utilisée en priorité ? (Il s'agit ici d'un *a priori*, d'un ressenti, pas d'une assertion définitive).**

1. ....

2. ....

3. ....

Ces réponses vont vous permettre d'entrevoir, de deviner, ce qui pourrait être votre type d'intelligence privilégié. L'idée ici n'est pas de vous connaître de façon approfondie (ce qui nécessiterait un coaching personnalisé) mais de commencer à mieux appréhender votre mode de fonctionnement, le «jeu intérieur» de votre comportement privilégié. Vous pourrez ainsi commencer à décrypter vos réactions, à mettre des mots sur des émotions ou des envies que vous ne preniez peut-être pas en compte auparavant.

Comprendre sa relation aux autres

Pour appréhender simplement votre impact sur votre entourage, vous pouvez compléter le tableau de la page 15 en qualifiant les forces et faiblesses de vos différentes relations.

Essayez aussi de faire le point sur votre environnement familial. Il est vraisemblable en effet que votre famille (conjoint, enfants, entourage) sera impactée par votre prise de fonction : ils vivront le stress que vous ne manquerez pas de ramener à la maison, ils porteront avec vous le risque de cette transition professionnelle, ils vous verront sous un jour nouveau (agir, hésiter, manquer, procrastiner), ce qui risque de les déstabiliser. Ils voudront que vous réussissiez. Afin de ne pas les affecter, vous essaierez peut-être de réduire les interactions entre votre environnement professionnel et vos proches, mais il est probable que vos réactions émotionnelles, qui sont souvent des réactions incontrôlées, resteront un facteur de stress pour eux.

Avant de prendre vos nouvelles fonctions, identifiez les tensions et les risques potentiels que votre transition professionnelle pourrait générer pour votre entourage. Cela peut être un risque financier (votre prise de fonction doit réussir car sinon vous mettrez en danger l'équilibre familial), un risque de tension avec vos enfants (vous aurez peut-être moins de temps pour vous occuper d'eux), avec votre conjoint (vous risquez d'être focalisé sur les enjeux votre prise de poste), avec vos amis (que vous risquez de revoir moins souvent), etc. Quoi qu'il en soit, nous vous invitons à vous poser pour étudier les principaux risques et tensions conséquentes auxquelles vous aurez peut-être à faire face.

C'est à vous !

Évaluez vos relations avec vos différents interlocuteurs.

	Points forts	Points faibles
Votre N+1		
Vos pairs		
Vos collaborateurs		
Les autres		

Vous pouvez aussi essayer d'identifier le type de personnes que naturellement vous appréciez ainsi que le type de personnes que vous avez tendance à fuir ou à provoquer. Il ne s'agit pas ici de porter un jugement de valeur sur ces personnes mais simplement de vous connaître un peu mieux. Cette étude vous sera utile pour anticiper vos réactions lorsque vous serez face à vos nouveaux collègues.

De façon plus globale, nous voudrions vous inciter ici à faire le point sur vos expériences passées lorsque vous avez intégré une nouvelle équipe : si vous avez été bien accueilli par votre environnement, qu'avez-vous particulièrement apprécié dans cet accueil ? Cela peut être une organisation claire, un parcours d'intégration réussi, un mentoring interne, des objectifs clairs et partagés, du temps pour appréhender l'environnement, etc.

Si au contraire vous n'avez pas réussi votre intégration, qu'auriez-vous à reprocher à votre management à ce sujet ?

Essayez d'être au clair sur les réussites et les échecs de votre propre passé en termes d'intégration dans une nouvelle équipe ; cela vous aidera à rester vigilant sur les conditions de votre nouvelle prise de fonction.

En bref, prenez tout simplement le temps de vous arrêter un peu pour faire le point sur votre comportement, vos réactions, vos environnements préférés. Vous verrez que cette introspection, même si elle n'est pas forcément approfondie, vous sera utile pour mieux identifier les interactions que vous aurez avec votre nouvel environnement.

Soyez particulièrement vigilant, si vous avez peu changé d'environnement professionnel au long de votre parcours. Un des principaux risques d'échec réside en effet dans la monoculture d'entreprise sur une longue période.

Exercice

Dans ma dernière prise de fonction, quelles ont été :

1. Les trois actions de l'entreprise qui m'ont été les plus utiles :

....

....

....

2. Les trois actions de l'entreprise qui m'ont le plus gêné :

....

....

....

....

Mes compétences

À la question « quelle est ma valeur ajoutée pour l'entreprise ? », il est souvent assez facile de dresser une première liste de compétences principales. À bien regarder son parcours, nous pouvons en effet souvent retrouver facilement les compétences clés que nous avons mises en pratique et qui nous ont assuré certains succès. Néanmoins nous vous proposons ici non seulement de faire la liste de vos compétences principales (celles que vous pourrez mettre en œuvre dans vos nouvelles fonctions), mais aussi d'identifier pour chacune de vos compétences une réalisation concrète dans laquelle vous l'avez mise en pratique. Ceci vous permettra de confirmer vos savoir-faire et de vous rappeler vos principales réussites professionnelles.

C'est à vous !

Relisez votre parcours professionnel. Quelles sont vos cinq compétences principales ?

....

....

....

Pour chacune des compétences principales identifiées :

1. Quels étaient les enjeux de la problématique devant laquelle vous vous trouviez alors (circonstances, environnement, défis à relever) ?

....

....

....

2. Quelles sont les principales actions (concrètes, datées, chiffrées) que vous avez menées pour répondre à ces enjeux ?

....

....

....

....

3. Quels sont les résultats (tangibles, datés, chiffrés) auxquels vous êtes parvenu au terme de cette réalisation ?

....

....

....

....

Mon alignement personnel

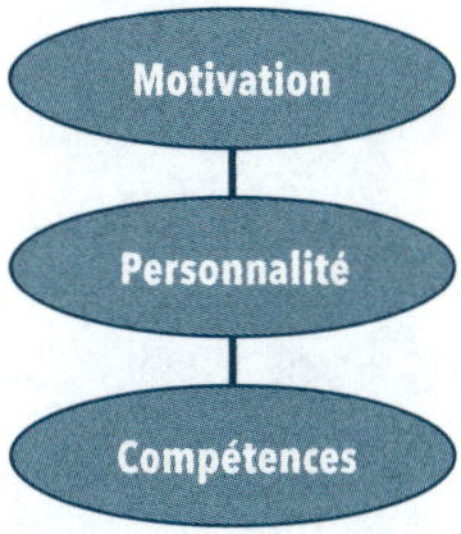

Figure 1.1 – Alignement des trois facteurs

Pour maximiser vos chances de succès lors de votre nouvelle prise de fonction, nous vous recommandons ainsi vivement de vous assurer que vos trois facteurs de motivation, de personnalité et de compétences sont alignés et que vous allez arriver dans une entreprise qui vous permettra de vous épanouir sur ces trois axes.

Si ça n'est pas le cas, pas d'affolement ! Il faut juste se souvenir que tous les indicateurs ne sont pas au vert et être conscient de vos points de fragilité avant de prendre vos nouvelles fonctions. Le questionnement que nous avons décrit ci-dessus peut alors servir de grille de lecture pour faire le point sur vous-même avant de prendre vos nouvelles fonctions.

Témoignage

Manoëlle Lepoutre, Senior Vice Président de Total

« Sachez prendre le temps d'un retour sur vous-même et éventuellement de vous faire aider. En effet on se connait rarement soi-même alors qu'il est important de bien comprendre ses qualités et ses défauts avant de prendre de nouvelles fonctions. »

L'adéquation de mon projet avec ma fonction

Maintenant que vous avez clarifié votre positionnement professionnel, faites le point sur son adéquation (ou non) avec vos nouvelles fonctions.

Pour bien comprendre dans quelle mesure vos nouvelles fonctions répondent à votre positionnement professionnel, nous vous proposons de prendre la description du poste que vous allez occuper et de faire le point sur les critères principaux qui vous tiennent à cœur ou qui vont favoriser votre intégration. Ce questionnement est *a priori* dans la mesure où nous vous recommandons d'y répondre avant d'entrer en fonction, et donc avant d'avoir pu analyser l'environnement comme nous le verrons plus tard.

Exercice

1. Si je devais retenir 3 mots pour définir la culture de l'entreprise, quels seraient-ils ?

....

2. Quelles sont *a priori* les 3 caractéristiques principales de mon futur N+1 ?

....

....

3. Quelles devraient être mes 3 premières actions à réaliser en priorité ?

....

....

4. Quelles sont mes 3 compétences principales intéressant l'entreprise ?

....

....

5. Quelles sont les principales personnes qui vont valider ma prise de fonction ?

....

....

6. Et pour chacune d'elles, quels sont leurs enjeux principaux ?

....

....

Mais à quoi cela sert-il si vous avez déjà signé pour ces nouvelles fonctions ? Pourquoi relever des différences entre votre positionnement et votre nouveau poste, au risque d'être déçu et donc démotivé ?

Pour une raison bien simple qui est que ces différences d'adéquation existent réellement, que vous en ayez pris conscience auparavant ou pas. L'exercice que nous vous proposons ici n'est donc pas destiné à vous décevoir mais bien au contraire à vous faire prendre conscience de la réalité du périmètre de fonctions sur lequel vous vous êtes engagés, pour ne pas nourrir d'attentes excessives lors de votre intégration et être déçu.

Vous saurez mieux ainsi quelle place accorder à vos nouvelles fonctions dans une vue d'ensemble de votre parcours professionnel à venir.

Mais ce n'est pas tout. Que se passera-t-il si vous échouez, non pas dans 10 ans, mais dans quelques semaines, dans votre nouvelle prise de fonction ? Cette alternative doit aussi être prise en compte. Non pour vous apporter une dose de stress supplémentaire mais, là encore, pour vous préparer à tous les *scenarii* possibles et donc diminuer le stress de l'échec lors de votre période d'essai. Il s'agit du plan B, du projet professionnel de rattrapage si votre prise de fonction échoue. Ce plan B peut être un projet alimentaire certes, mais pas seulement. Cela peut aussi être un projet tout simplement moins risqué : intéressant professionnellement mais comportant moins de risques que les fonctions que vous allez occuper prochainement. Nous vous invitons là aussi à prendre un peu de temps pour réfléchir à ce projet alternatif. Vous serez en effet beaucoup plus serein pendant votre période d'essai si vous avez identifié cette Meilleure Solution de Rechange (MESORE), comme le savent bien les négociateurs avertis.

À retenir

- Soyez au clair sur les raisons pour lesquelles vous prenez vos nouvelles fonctions, que ce soit en termes de motivation, de personnalité et de compétences.
- Soyez aussi objectif que possible, tant sur vos points forts que sur vos points faibles.

ON VOUS ATTEND POUR VOTRE PRISE DE FONCTION !
UNE MINUTE ! JE METS UN PEU D'ORDRE DANS MES NOTES !
Marai

2 Comprendre les enjeux

1 Clarifier son positionnement
2 Comprendre les enjeux
3 Se rendre crédible
4 Comprendre l'environnement interne
5 Comprendre l'environnement externe
6 Améliorer l'organisation
7 Booster son équipe

POINTS CLÉS

→ **Qu'est-ce que je connais aujourd'hui de mon entreprise ?**
→ **Qu'est-ce que mon nouvel employeur attend de moi ?**
→ **Quels sont les principaux pièges ?**
→ **Que faire les premiers jours ?**

OBJECTIF Comprendre les enjeux de votre prise de fonction.

CONSEIL DU COACH Renseignez-vous sur votre entreprise avant d'arriver.

QUIZ

		Oui	Non
1	Avez-vous pris suffisamment d'informations sur l'entreprise ?		
2	Savez-vous précisément ce qu'attend de vous votre employeur ?		
3	Vous a-t-on expliqué l'historique de votre poste, les éventuelles personnes qui vous ont précédé ?		
4	Connaissez-vous les comportements pièges d'une prise de fonction ?		
5	Savez-vous quels sont pour vous les enjeux de cette prise de fonction ?		
6	Avez-vous anticipé le risque de saboter votre prise de fonction ?		
7	Connaissez-vous votre plan d'action des premiers jours ?		

Brief du coach

- Si vous avez répondu « oui » à une majorité de questions, parcourez rapidement les jalons décrits dans ce chapitre pour être sûr de ne rien oublier.
- Si vous avez répondu « non » à une majorité de questions, prenez le temps de lire en détail les lignes qui suivent.

Avant de prendre vos fonctions

Avant d'arriver dans l'entreprise, renseignez-vous à fond sur votre nouvel environnement. En termes économiques tout d'abord, afin de mieux comprendre le modèle de votre entreprise, ses clients, concurrents, challenges, l'évolution du marché, les risques et les opportunités. Vous pourrez trouver la plupart de ces informations facilement sur internet ou sur des sites dédiés comme Kompass, The Official Board ou même Xerfi pour des études de marché.

Témoignage

Jean-Michel Garrigues, ex-directeur des ressources humaines de Lagardère Active

« Dans le cas d'une création de poste, le nouvel entrant a intérêt à prendre connaissance incognito de son nouvel environnement, par exemple au travers d'une mission de conseil externe. Cela lui permet de faire un tour de piste dans l'entreprise avant d'en prendre une direction. »

Dans de nombreux cas, votre nouvelle entreprise pourra vous faire rencontrer vos futurs collaborateurs avant votre arrivée, afin de mieux appréhender votre nouvel environnement. Profitez de ces entretiens sans trop vous dévoiler et en évitant de prendre des engagements que vous pourriez être dans l'impossibilité de tenir par la suite. Dans le cas de secteurs B2C, prenez aussi le temps de visiter incognito les magasins, centres opérationnels, antennes de proximité de votre nouvelle entreprise. Vous en retirerez certainement d'utiles informations terrain pour votre future analyse du contexte économique et culturel.

Prendre de nouvelles fonctions ne signifie pas nécessairement foncer tête baissée dans la suractivité. Puisque vous allez être à 100 % dans votre job dès les premiers jours de votre arrivée, il va être urgent de... vous arrêter. Profitez du temps qui peut vous rester entre votre précédent job et le nouveau pour prendre des vacances, pour décrocher complètement du business et vous reposer.

Conseil

Profitez tranquillement de vacances bien méritées. Renseigné sur votre nouvelle entreprise et bien reposé, vous serez prêt à vous lancer dans l'aventure.

C'est à vous !

- **Quelle est l'activité de ma nouvelle entreprise ? Quels en sont les concurrents ?**

....

- **Quelle est sa solidité financière ?**

....

- **Qui en sont les principaux dirigeants ?**

....

- **Comment le marché évolue-t-il ?**

....

- **Où et quand dois-je m'accorder des vacances ?**

....

Ce qu'attend votre employeur

Votre employeur a plusieurs attentes suite à votre recrutement et ce sont ces attentes qu'il faudra très précisément comprendre et hiérarchiser.

Ces attentes sont de deux ordres :

• **Les opportunités** : développer l'activité de votre département (nouveaux marchés, nouveaux produits, consolidation des projets existants, développement des partenariats), renforcer la cohésion des équipes, apporter de nouvelles idées, permettre à votre N+1 d'atteindre ses propres objectifs, de prendre de la hauteur, etc.

• **Les risques**: saurez-vous vous faire accepter par vos nouveaux collègues? Serez-vous à la hauteur pour remplir les défis que l'on attend de vous? Resterez-vous loyal à l'entreprise? Il existe en effet de nombreux comportements «à risque» pour lesquels votre nouvel employeur ne pourra pas vous confirmer dans vos fonctions.

Témoignage

Laurent Fiard, président directeur général de Visiativ et président du Medef Lyon-Rhône

«Un nouveau manager doit aujourd'hui avoir quatre qualités essentielles: curieux, innovant, collaboratif et centré sur les résultats.»

Pour identifier ces attentes, relisez toutes les notes que vous avez prises lors des entretiens de votre processus de recrutement puis faites en une synthèse. Gardez cette synthèse précieusement et relisez-la régulièrement durant les premières semaines de votre prise de fonction.

Approfondissez les raisons qui ont poussé votre nouvelle entreprise – en particulier votre N+1 – à vous recruter et posez-vous les deux questions suivantes:

• Pourquoi cette entreprise vous a-t-elle retenu pour ce poste, avec toutes vos compétences, personnalité et motivations, mais aussi malgré toutes vos lacunes, défauts et erreurs passées? Mettez-vous dans la peau de votre nouvel employeur et posez-vous honnêtement cette question. Vous verrez que la réponse que vous apporterez déterminera l'angle d'attaque de votre prise de fonction, car c'est là-dessus que votre employeur vous attend.

• Y a-t-il une raison particulière que vous ne connaitriez pas pour laquelle l'entreprise a fait appel à vos services? Que cette raison existe ou non, vous poser la question renforcera votre vigilance lors de la chasse aux informations que vous allez mener durant les 100 premiers jours. Vous devez en effet absolument savoir si le poste que vous allez occuper:

– a été spécialement créé pour vous, et si oui pourquoi?

– existait précédemment ; mais alors, où est passé votre prédécesseur ? A-t-il été promu, déchu, exclu ? Dans le cas d'une exclusion, est-elle intervenue pendant la période d'essai ou plusieurs années après ?

Exercice

1. Pourquoi moi ?

....

....

2. Quelle est la raison cachée de mon recrutement ?

....

....

L'historique de votre poste

Si vous prenez la place d'un manager ayant quitté ses fonctions, prenez le temps de comprendre les raisons de son départ. Est-ce pour des raisons de compétences ? Pour des raisons d'entente avec votre N+1 ? Pour réaliser ses propres projets professionnels ? Vous trouverez peut-être une ou plusieurs raisons simples expliquant son départ. Mais si les raisons ne sont pas si claires que cela, ou si cela fait déjà 2 ou 3 fois que des précédents managers ont quitté ces fonctions, nous vous recommandons d'être vigilant.

Tout système humain – dont l'entreprise est un exemple – garde sa stabilité grâce à l'homéostasie, c'est-à-dire sa capacité à réguler les

À savoir

Il arrive souvent que certaines fonctions – indépendamment de la valeur des personnes occupant le poste – servent de bouc émissaire aux problèmes de l'organisation.

changements dans des normes viables. C'est en quelque sorte l'équilibre du système, ce qui lui permet de toujours retrouver sa stabilité lorsqu'un changement arrive. Le corps humain est un bel exemple d'homéostasie : lorsqu'une blessure apparait, l'ensemble du système fait tout ce qui est en son pouvoir pour rétablir l'équilibre (cicatriser, par exemple). De même, lorsqu'une épine rentre dans le système, celui-ci a une tendance naturelle à le rejeter pour assurer sa viabilité. L'homéostasie est ce qui garantit qu'un système reste équilibré. Elle se construit par rapport à une problématique particulière que l'ensemble du système cherche à résoudre. Ainsi, lorsque survient une difficulté qui réactive cette problématique, le système a tendance à l'éradiquer, un peu comme un bouc-émissaire de l'ensemble de ses problèmes.

Exemple

Un directeur commercial est recruté pour redresser les ventes d'une entreprise de taille intermédiaire (ETI) familiale dans le secteur de l'électronique. Il est le troisième directeur commercial à ce poste, ses prédécesseurs n'ayant pas réussi ce défi malgré des profils *a priori* très expérimentés. Après une rapide étude du marché et du modèle économique de l'entreprise notre directeur commercial arrive à la conclusion qu'il ne pourra pas redresser les ventes si on n'améliore pas la satisfaction des clients, qui repose principalement sur l'amélioration du taux moyen entre pannes (*Mean Time Between Failure*) des produits livrés. Il réalise, peu de temps après, que ce problème est bien connu de toute l'entreprise, mais que sa résolution nécessiterait de revoir de fond en comble la performance de toute la supply chain, bastion de syndicats solidement implantés. Plutôt que de risquer une confrontation lourde de conséquence avec les techniciens de la supply chain, la direction générale avait préféré, jusque-là, garder un *statu quo* et renforcer le département commercial pour améliorer la relation avec les clients.

Dans cet exemple, le département commercial est devenu, son directeur en tête, le parfait bouc émissaire sur qui l'on peut charger l'ensemble des erreurs de l'entreprise. Les clients n'achètent plus ? C'était tout simplement parce que le directeur commercial n'est pas à la hauteur. Heureusement l'analyse effectuée par notre directeur commercial lui a permis de passer les bons messages à sa direction générale et de les convaincre d'engager un processus de transformation de l'entreprise. Ce qui l'a confirmé dans son poste.

On le voit ici, quel que soit le profil du directeur commercial, sans changer le système, celui-ci aurait été évincé. Il arrive ainsi parfois qu'une prise de fonction se retrouve au centre de la problématique permettant de préserver le système en place (homéostasie). C'est souvent le cas lorsque plusieurs managers sont passés par le même poste auparavant. Attention donc à être vigilant à l'historique de votre nouveau poste.

Exercice

1. Quelles sont les raisons du départ de mes prédécesseurs ?

....

....

....

....

2. Quelle est *a priori* la difficulté principale de ma nouvelle fonction ?

....

....

....

Les comportements dangereux

Voici quelques exemples de chausse-trappes classiques qu'il faut absolument éviter.

Le donneur de leçon

Arrivant dans une nouvelle entreprise, d'un secteur qu'il connaissait bien, ce nouveau directeur de business unit savait qu'il pouvait apporter beaucoup grâce à son expérience antérieure. Dès les premiers jours, il a donc décidé d'en faire profiter son entourage en apportant des solutions toutes faites, qu'il avait eu l'occasion d'éprouver dans sa précédente entreprise. Quel a été le résultat : ce manager a été remercié au bout de 3 mois. Pourquoi ? Simplement car il n'avait pas mesuré que son expérience passée ne répondait pas toujours aux nouvelles problématiques rencontrées et, surtout, que ses collaborateurs n'étaient pas prêts à changer leur mode de travail aussi rapidement. Autrement dit, il dérangeait le système.

Le déçu

Laissant transparaitre du regret, ce nouveau directeur de projet faisait fréquemment référence au passé : « Nous chez XX, nous avions l'habitude de... », « c'était plus efficace avant », etc. Ce faisant, il avait bien sûr beaucoup de mal à prouver à ses collègues qu'il était motivé dans sa nouvelle entreprise. Il avait même reçu des remarques de son DRH durant sa période d'essai. Heureusement, un changement de comportement (qui a consisté principalement à bannir le nom de son ancienne entreprise de son vocabulaire), associé à la réussite d'un projet sensible (cf. *Quick wins* ci-après) lui ont permis de redresser la barre et d'être confirmé dans ses nouvelles fonctions.

Le *benchmarker*

Ce directeur commercial, qui voulait que sa nouvelle entreprise devienne la meilleure, la comparait sans cesse aux autres entreprises du secteur afin de trouver les meilleurs leviers de vente. Mais ce faisant, il ne s'est pas rendu compte qu'il montrait en fait tous les défauts de sa nouvelle entreprise et qu'il donnait ainsi l'image en interne d'être défaitiste, ce qui était pourtant à l'inverse de son objectif ! Il n'a pas été confirmé dans sa période d'essai.

L'indispensable

Omniprésent dans tous les domaines de son entreprise, ce nouveau directeur général pouvait aussi facilement descendre à l'atelier de façon impromptue, réunir son comité de direction en quelques heures, ou déclencher une réunion avec les partenaires sociaux sans en avertir ses subordonnés. Le résultat ? Ses collaborateurs se sont sentis non seulement déresponsabilisés (on leur retirait leur pouvoir) mais même pour certains d'entre eux menacés dans la pérennité de leurs fonctions, créant ainsi une grande instabilité au niveau du management de l'entreprise. Les actionnaires, prenant conscience de cette situation, ont décidé de ne pas le confirmer dans ses fonctions

L'anxieux

Un directeur commercial, qui venait de signer un contrat dans une nouvelle entreprise mais n'avait pas encore pris ses fonctions, a fait le constat suivant avec le coach qui l'accompagnait : certes ce nouveau poste était très bien rémunéré, mais en fait très en dessous de ses capacités et sans avenir professionnel satisfaisant. Mais alors pourquoi avoir signé un tel contrat ? Tout simplement car le stress de la période de recherche d'emploi était trop lourd à porter. Non seulement pour lui, mais aussi pour son épouse qui n'arrivait pas à accepter que son conjoint puisse se retrouver dans l'incertitude plus de quelques semaines. Il y avait donc urgence pour lui de trouver un poste qui risquait pourtant de gâcher une partie de sa carrière professionnelle. Heureusement, un peu de temps et de réflexion sur son avenir professionnel lui ont permis de mieux cerner son projet et de trouver ailleurs le poste dans lequel il pourrait se développer à moyen et long terme.

L'ambitieux

Ce nouveau responsable de business unit était dès le départ perçu par le top management de son entreprise comme potentiellement le futur directeur de la filiale, en lieu et place donc de son actuel patron. Or ce dernier n'avait à ce moment aucune idée de ce que pourrait être son propre avenir professionnel une fois que ce nouveau responsable de business unit aurait pris la direction de la filiale. Il a donc fallu faire un travail de prise en compte de l'avenir du supérieur direct pour s'assurer que le nouveau manager puisse bien être confirmé dans ses fonctions sans faire peur à son N+1.

Le premier de la classe

L'exemple de ce jeune directeur général, venant d'un grand groupe, brillamment diplômé et prenant la direction opérationnelle d'une petite entreprise familiale, a montré combien il pouvait être difficile de s'intégrer dans un milieu très différent sans se faire ostraciser. La différence de niveaux d'études jointe à la différence de culture d'entreprise mettait en effet une barrière entre ses collaborateurs directs d'une part et les actionnaires de l'entreprise familiale d'autre part. Une prise de conscience de cette situation lui a heureusement permis de s'adapter rapidement à la culture de sa nouvelle entreprise et de réussir ainsi sa période d'intégration.

Ce ne sont que quelques exemples et il existe évidemment bien d'autres contextes professionnels pouvant générer des prises de fonctions difficiles. Chacun de ces pièges est un risque pour votre nouvel employeur, qui sera particulièrement vigilant à ce que vous ne tombiez pas dedans. Il va donc être primordial de bien identifier ces risques et d'adopter le comportement permettant de les éviter et de remplir les objectifs que l'on attend de vous.

Exercice

Quels sont les deux comportements pièges dans lesquels je risque de tomber ?

....

....

....

Le besoin de reconnaissance

De votre point de vue, quels sont les principaux enjeux de cette prise de fonction ?

Il y a souvent plusieurs possibilités : une augmentation de salaire, plus de pouvoir, un développement des compétences, l'envie de voir du nouveau, relever de nouveaux défis, etc.

Et, surtout, il y a la reconnaissance, que ce soit de la part de ses collègues, supérieurs, pairs ou partenaires bien sûr, mais aussi de sa famille, de ses amis, de ses anciens collègues et de soi-même !

À savoir

L'enjeu fondamental d'une prise de fonction est le plus souvent lié à la satisfaction d'un besoin de reconnaissance.

Sur quoi repose ce besoin de reconnaissance personnel et social ?

En s'appuyant sur un outil de connaissance de soi comme l'ennéagramme, nous pouvons relever neuf besoins fondamentaux que nous désirons absolument satisfaire et qui peuvent renforcer ou au contraire fragiliser le besoin de reconnaissance que va mettre en lumière la prise de fonction. Chacun d'entre nous privilégie souvent un besoin particulier parmi les neuf cités ci-dessous.

- Besoin d'ordre : ces personnes vont tout faire pour éviter les erreurs et vont donc développer un comportement de type perfectionniste, puisque c'est en étant « bien », « conforme à la règle » que nous sommes reconnus de notre entourage ;
- Besoin d'amour : ces personnes vont tout faire pour éviter de se sentir inutiles et vont donc développer un comportement altruiste, tourné vers les autres, pour *in fine* obtenir leur reconnaissance ;
- Besoin d'efficacité : ces personnes vont tout faire pour éviter l'échec et vont donc développer un comportement de battant, de gagneur, car c'est ainsi qu'ils auront de la reconnaissance ;
- Besoin de fusion : ces personnes vont tout faire pour éviter d'être abandonnées, oubliées, laissées pour compte, et vont donc développer un

comportement qui les différencie, les rende inoubliables, car c'est ainsi qu'elles ont pris l'habitude de capter la reconnaissance de leur entourage ;

- Besoin d'intériorité : ces personnes vont tout faire pour éviter que l'on rentre de façon impromptue dans leur « bulle » intérieure, dans leur intimité ; elles vont ainsi se mettre en retrait, analyser, comprendre, et c'est d'ailleurs ce faisant qu'elles ont remarqué qu'elles captaient la reconnaissance de leur entourage ;
- Besoin de fiabilité : ces personnes vont tout faire pour éviter d'être trahi ; la fiabilité, le contrat – qu'il soit écrit ou simplement moral – passé avec quelqu'un sont tellement vitaux que ces personnes vont être très dubitatives avant de prendre une décision (pesant le pour et le contre) puis, une fois leur décision prise, d'une très grande loyauté envers leurs engagements ; c'est d'ailleurs ainsi qu'elles sont reconnues ;
- Besoin de liberté : ces personnes vont tout faire pour éviter d'être enfermées et plus généralement de souffrir ; elles vont donc développer une capacité à planifier, prévoir des options agréables, s'amuser, se distraire, tout ce qui permet d'éviter la souffrance ; c'est d'ailleurs par cet aspect enjoué qu'ils obtiennent la reconnaissance dont ils ont besoin.
- Besoin de force : ces personnes vont tout faire pour éviter l'abus de pouvoir et donc ignorer toute zone de vulnérabilité en développant un comportement combatif et fort, garant de la justice ; c'est d'ailleurs sur ce registre qu'ils sont le plus facilement reconnus
- Besoin d'harmonie : ces personnes vont tout faire pour éviter de se retrouver dans des situations de conflit, qui les empêchent de vivre ; elles vont donc développer un comportement calme et apaisant, médiateur, qui est souvent reconnu et apprécié par leur entourage

Conseil

> Prenez conscience de votre besoin de reconnaissance particulier et vous ne serez plus dupe des enjeux qui sont les vôtres au moment de prendre vos nouvelles fonctions. Vous pourrez anticiper vos comportements habituels.

Si nous avons tous besoin d'ordre, d'amour, d'efficacité... un travail d'introspection de quelques heures nous fait souvent prendre conscience qu'au fond, nous faisons tout pour satisfaire en priorité un besoin principal de fond, non négociable, qui est la condition *sine qua none* de notre bien-être.

Exercice

Quel est le principal comportement que je risque naturellement d'adopter lors de ma prise de fonction ?

....

....

Le risque d'auto-sabotage

Une prise de fonction est toujours risquée car, par définition, vous prenez de nouvelles fonctions qui n'existaient pas ou étaient remplies par une autre personne. Il vous faut donc bien comprendre puis maitriser votre nouvel environnement, ce que nous verrons en détail un peu plus loin.

Mais il existe aussi un autre risque, qui ne vient pas de l'entreprise cette fois mais de vous-même. Il s'agit de l'auto-sabotage :

- Votre nouvel environnement vous parait menaçant ? Vous aurez tendance à être sur la défensive et à vouloir tout contrôler.
- Vous êtes vraisemblablement l'objet de jeux de pouvoir que vous ne maitrisez pas suffisamment ? Peut-être voudrez-vous à votre tour vous faire des alliés cachés pour commencer à tisser votre propre réseau de pouvoir.
- Vous n'avez pas 100 % des compétences requises par vos nouvelles fonctions ? Peut-être aurez-vous tendance à surévaluer vos compétences actuelles pour masquer cette déficience.

Il existe de multiples cas où nous pouvons sans nous en rendre compte saboter de nous-même notre progression. Face à une difficulté inéluctable, qu'est-il préférable : attendre ce qui va arriver ou l'anticiper ?

Pour déjouer par anticipation ces possibilités d'auto-sabotage, demandez-vous littéralement « ce que vous pourriez faire pour que votre période d'intégration échoue ». Oui, vous avez bien lu.

Vous verrez qu'avec un peu d'honnêteté on en trouve plus facilement qu'on ne l'aurait cru de prime abord... Ce qui peut être assez déroutant. En fait, la réponse à cette question va vous faire apparaitre – sans vous en rendre compte explicitement – les possibilités que vous pourriez mettre naturellement en œuvre pour contrebalancer la réussite de votre projet. Là encore il s'agit d'homéostasie. Pour conserver l'équilibre – et donc le statu quo antérieur de votre dernière situation professionnelle – votre homéostasie personnelle va contrebalancer ce que vous pourriez réussir par des actions d'échec. Pour déjouer cet auto-sabotage, il vous faut clarifier ces réactions d'auto-défense afin de les éviter.

Exercice

Cet exercice est fondamental : quelles sont les sept meilleures actions que je pourrais mettre en œuvre pour réussir à me faire licencier durant ma période d'essai ?

....

....

....

....

....

....

....

....

Une fois cette liste élaborée, conservez-la précieusement, et relisez-la de temps en temps durant vos 100 premiers jours.

La préparation de votre arrivée

Enfin, avant de prendre vos nouvelles fonctions, anticipez ce qui pourrait se passer lors des premiers jours de votre arrivée.

Témoignage

Philippe Golab, responsable de la gestion des cadres dirigeants de Natixis

« Il faut se renseigner sur l'entreprise avant de rentrer, lire un maximum de choses, mettre des alertes sur Google. »

Si votre nouvel emploi vous amène à déménager, ne brusquez pas les choses. Installez-vous seul dans un premier temps, dans un hôtel ou dans un studio, avant de déménager avec toute votre famille après les 4 à 6 premiers mois de votre prise de fonction. Vous éviterez ainsi la fatigue de déplacements fréquents, le risque d'un déménagement de toute votre famille alors que vous n'êtes pas encore sûr de la réussite de votre prise de fonction, et vous vous laisserez du temps pour vous focaliser à 100 % sur la réussite de cette période critique.

Conseil

- Anticipez vos tous premiers pas.
- Demandez-vous ce que vous ferez la première semaine.
- Identifiez les personnes clés que vous devrez rencontrer en premier.

Attention à vos premiers jours dans l'entreprise. L'expérience montre que si une étiquette vous est collée dans les 15 premiers jours de votre arrivée, celle-ci est très difficile à faire partir. Ce qu'il faut absolument garder en mémoire c'est de ne pas brusquer les gens lors de votre arrivée. Aussi prenez tranquillement votre place, respectez le processus d'intégration (s'il en existe un) et avancez pas à pas dans les premiers jours de votre arrivée. Demandez des informations pratiques (lieux, noms des personnes, horaires) et récupérez les outils qui vous seront nécessaires pour faire le job (bureau, informatique, annuaire, etc.). Mais ne changez pas les habitudes.

Si vous pensez que votre prise de fonction est risquée (un contexte conflictuel, une forte pression opérationnelle, une équipe peu performante, un N+1 qui n'aura pas de temps à vous accorder...) contactez votre N+1 avant votre arrivée (entretien si possible *de visu*) afin d'étudier avec lui dans les grandes lignes quelles sont ses premières priorités et si un coaching pourrait s'avérer nécessaire.

Témoignage

Hélène Gemahling, DRH de Nespresso France

« Vous avez intérêt à appeler votre futur N+1 avant votre entrée en fonction pour lui demander quelles sont les informations qu'il peut partager dès maintenant avec vous. Quitte même à regarder avec lui si vous pouvez participer à une ou deux réunions d'équipe avant votre arrivée. »

Très souvent en effet un coaching de prise de fonction qui démarre à temps peut permettre non seulement au nouveau manager de s'appuyer sur un professionnel et une méthode pour réussir son intégration, mais aussi au N+1 d'être rassuré en sachant que ses objectifs seront suivis par un tiers de confiance, qu'il pourra éventuellement alerter en cas de problème. Le coach agissant donc ici à la fois comme un soutien du nouveau manager et comme une sécurité du N+1.

Si un coaching ne s'avérait finalement pas nécessaire, cette démarche vous aura néanmoins permis de formuler clairement une demande de soutien auprès de votre N+1, soutien qui sera l'un des paramètres majeurs de la réussite de votre prise de fonction comme nous le verrons par la suite.

C'est à vous !

Préparez un entretien avec votre N+1 afin de lui poser les questions suivantes :

- **Quelles sont les actions prioritaires que vous me conseillez de mener à bien dans les premières semaines ?**

....

....

....

....

- **Quels sont les principaux risques de ma prise de fonction ?**

....

....

....

....

- **Au vu de ces risques, sur qui (en interne ou en externe) pourrais-je m'appuyer pour réussir à coup sûr mon intégration ?**

....

....

Vous voici donc prêt à prendre vos nouvelles fonctions. Vous êtes au clair sur votre positionnement professionnel et sur les enjeux de vos nouvelles fonctions, vous connaissez les risques. Si ça n'est pas le cas prenez le temps de relire les pages qui précèdent afin de clarifier ces fondements. Quoi qu'il en soit sachez pourquoi et comment vous allez prendre vos nouvelles fonctions avant de vous lancer. Les 100 premiers jours vont en effet être déterminants.

À retenir

- Clarifiez ce que votre nouvel employeur attend de vous.
- Étudiez l'environnement, en particulier l'historique de votre fonction, et mettez en lumière les pièges que vous devrez éviter.
- Anticipez ce qui pourrait vous arriver et ne restez pas seul.

Témoignage

Gilles Piquet-Pellorce, directeur général de Biocoop

« La qualité première d'un bon manager est sa capacité à se remettre en cause, à changer de métier, à descendre s'il le faut dans la hiérarchie pour remonter après, à accepter ses échecs. »

Voilà, ça y est, vous venez de prendre vos nouvelles fonctions.

Que faire maintenant ? Par où commencer ?

N'oubliez pas que c'est vous qui allez devoir vous adapter à l'entreprise, pas l'inverse.

L'enjeu du démarrage va donc être double :

- Remplir complètement la mission pour laquelle vous avez été recrutée, en privilégiant la relation avec votre N+1 ;
- Étudier de façon approfondie votre environnement (interne et externe), sans bousculer les habitudes de travail existantes.

C'est cet équilibre entre vos premières actions et votre écoute approfondie de l'environnement qu'il vous faudra préserver tout au long de votre période d'intégration.

2

LES 100 PREMIERS JOURS

JE VOIS QUE VOTRE
NOUVELLE RECRUE
S'EST VITE INTÉGRÉE !
Marai

3 Se rendre crédible

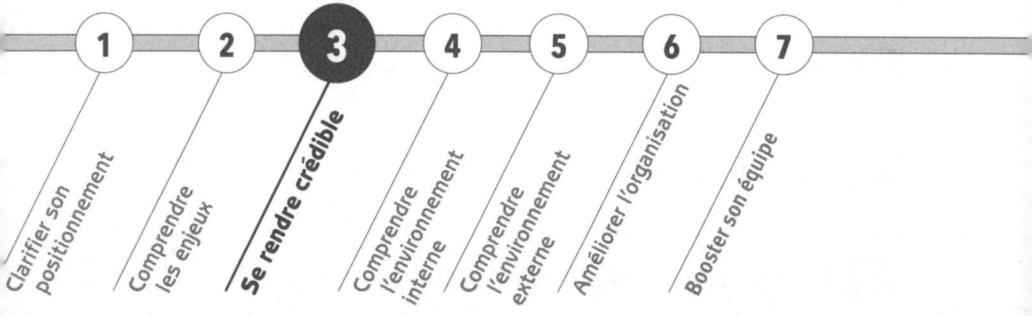

POINTS CLÉS

→ **Comment gérer ma relation à mon N+1 ?**

→ **Comment me présenter rapidement ?**

→ **Comment prendre toute ma place ?**

OBJECTIF Vous faire accepter par vos nouveaux collègues.

CONSEIL DU COACH Privilégiez votre relation avec votre N+1 et faites savoir qui vous êtes.

QUIZ

		Oui	Non
1	Connaissez-vous l'agenda caché de votre N+1 ?	☐	☐
2	Savez-vous vous présenter de façon rapide et synthétique ?	☐	☐
3	Connaissez-vous les habitudes de votre entreprise ?	☐	☐
4	Avez-vous identifié votre principal concurrent interne ?	☐	☐
5	Savez-vous comment vous imposer dans votre nouvel environnement ?	☐	☐
6	Savez-vous comment rédiger un rapport d'étonnement ?	☐	☐
7	Avez-vous préparé des victoires rapides ?	☐	☐

Brief du coach

- Si vous avez répondu « oui » à une majorité de questions, parcourez rapidement les jalons décrits dans ce chapitre pour être sûr de ne rien oublier.
- Si vous avez répondu « non » à une majorité de questions, prenez le temps de lire en détail les lignes qui suivent.

Vous êtes recruté pour une fonction, il faut maintenant vous rendre crédible. Et le meilleur moyen de vous rendre crédible, c'est de faire ce pour quoi vous avez été recruté. Directeur financier, vous devrez assurer la clôture des comptes en temps et en heure ; directeur industriel, vous devrez finaliser la mise en place du *lean management* initié par votre prédécesseur, comme cela vous a été précisé à votre arrivée ; directeur des ressources humaines, vous aurez pour mission d'élaborer comme prévu la nouvelle gestion prévisionnelle des emplois et compétences de votre filiale.

On vous demande de modifier l'organisation de votre département ? Essayez de négocier le délai de mise en œuvre de cette réorganisation. On vous demande de vous séparer d'un de vos collaborateurs ? Mettez tout en œuvre pour remettre à plus tard (après les 100 jours) cette décision, au risque sinon de passer pour un tueur froid auprès de votre équipe.

Conseil

> Faites le job. Mais surtout, ne bouleversez ni les modes de travail, ni l'organisation dans laquelle vous arrivez.

En respectant ainsi les habitudes de travail établis, vous enverrez le message à ceux qui décident de la confirmation de votre prise de fonction (principalement le DRH, le supérieur hiérarchique N+1 et quelques autres personnes clés) que vous êtes la bonne personne au bon moment et au bon endroit. Et dans le même temps, votre comportement montrera à vos autres interlocuteurs (supérieurs fonctionnels, collaborateurs, autres chefs de services, services administratifs) que vous ne représentez pas un risque pour leur quotidien. Ils vous considéreront alors comme intégré dans leur environnement.

Gérer votre temps

Une question nous est souvent posée sur la durée de cette période : a-t-on vraiment 100 jours devant soi pour analyser tranquillement notre nouvel environnement sans presque rien faire ?

La réponse dépend non seulement du contexte de la prise de fonction (taille de l'entreprise, durée de la mission confiée, secteur d'activité particulier), mais aussi de votre expérience et de la rapidité avec laquelle vous devez avoir un impact. Ainsi vous devrez certainement faire bouger les lignes beaucoup plus rapidement si vous rentrez dans une PME, dans une entreprise en retournement ou sur certains secteurs particulièrement réactifs. A contrario, plus votre niveau de séniorité est élevé et/ou plus vous avez un poste généraliste, plus cette durée d'observation se rapprochera des 3 mois, voire plus. Comme nous le verrons, la clé du tempo à donner à votre prise de fonction réside avant tout dans votre relation avec votre N+1. Rencontrez le donc régulièrement afin de définir puis de valider avec lui les étapes des premières semaines. Cette relation avec votre N+1 est la clé de la réussite de votre prise de fonction.

Car une prise de fonction est aussi et surtout une affaire de personnes, de relationnel, de «*fit*». Il faut aussi que vous «apprivoisiez» vos nouveaux collègues. Et cela prend du temps. Alors bien sûr, déclenchez dès les 100 premiers jours quelques actions opérationnelles (nous y reviendrons), mais souvenez-vous que votre entourage, les personnes avec qui vous travaillez, auront besoin de cette première phase d'écoute et d'observation pour pouvoir vous accepter, pour vous permettre de rentrer dans leur monde.

Témoignage

Cécile Cloarec, DRH et communication de FM Logistic

«Un nouveau manager ne devrait pas se mettre la pression pour démontrer des résultats et ses compétences pendant les deux premiers mois, car il va se faire observer par le corps social dans ses codes relationnels et comportementaux. L'important c'est d'être accepté. Il faut se mettre en posture basse et en accueil bienveillant de l'entreprise. Au terme de cette période d'intégration, lui aussi sera riche de précieuses observations et informations sur son terrain de jeu, qui le rendront beaucoup plus pertinent et efficace dans son action.»

Concrètement, avant de vous lancer dans l'action, définissez les actions à réaliser en priorité et dans quel délai. L'idée ici est donc de mettre à plat l'ensemble des actions que vous allez mener dans les 100 premiers jours (du moins telles que vous pouvez les anticiper au début de cette période) puis de définir pour chacune d'elles une priorité, en respectant les deux principes suivants :

- Toute action qui modifie les habitudes devra être réalisée dans la mesure du possible (et après validation de votre N+1) après les 100 premiers jours.
- Toute action qui confirme votre légitimité ou qui vous permet de mieux comprendre votre environnement pourra en revanche être réalisée durant les 100 premiers jours de votre prise de fonctions.

Pour les actions de vos 100 premiers jours, passez-les au filtre de la matrice d'Eisenhower (cf. schéma ci-contre). Qualifiez pour chacune de vos actions principales les degrés d'importance et d'urgence que vous estimez.

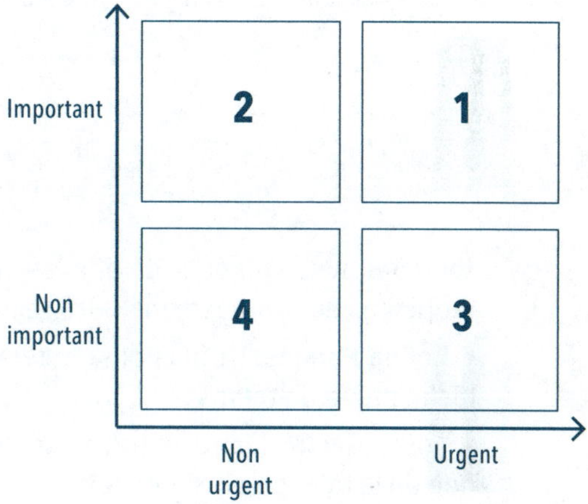

Figure 3.1 – Matrice de gestion des priorités

La priorisation des actions se fait alors dans l'ordre des quadrants affichés : Q1, puis Q2, Q3 et enfin Q4 :

- Q1 = « Je le réalise en priorité. »
- Q2 = « Je le planifie pour plus tard. »
- Q3 = « Je le délègue à un collaborateur. »
- Q4 = « Je le reporte ou je l'élimine. »

Cette définition des priorités – même approximative dans un premier temps – vous sera utile pour commencer à discuter avec votre supérieur hiérarchique (N+1).

Exercice

1. Quelles sont toutes les actions que je pense mener dans mes 100 premiers jours ?

....

....

....

2. Quelle priorité j'attribue à chacune d'entre elles (Q1, Q2, Q3, Q4) ?

....

....

....

Toujours avec l'objectif d'optimiser votre gestion du temps, nous vous rappelons en synthèse quelques règles pratiques de gestion du temps :

- Loi de Parkinson : plus on a le temps de réaliser une tâche, plus cette tâche prend du temps ;
- Loi de Carson : faire un travail de façon continue prend moins de temps que de le faire en plusieurs fois ;
- Loi de Murphy : toute action prend plus de temps qu'on ne l'avait prévu ;
- Loi d'Illich : au-delà d'un certain seuil de travail, l'efficacité décroit ;
- Loi de Pareto : 20 % de nos activités produisent 80 % de nos résultats.

Une fois ces règles intégrées, définissez le planning prévisionnel de vos 100 premiers jours.

Conseil

Méditez cette maxime de Paul Morand : « Le temps ne respecte pas ce qui se fait sans lui. »

Négocier avec votre N+1

Il s'agit du personnage clé de votre prise de fonction. D'une manière ou d'une autre, ce qu'il va penser puis dire de vous va être déterminant pour la confirmation ou non de votre poste.

Or, contrairement à certaines idées reçues, vous pouvez souvent négocier la réussite de votre prise de fonction avec votre N+1. De quoi s'agit-il exactement ? De négocier d'égal à égal le périmètre de vos nouvelles fonctions ? De lui demander un geste de sa part dès qu'il vous demandera quelque chose ? Bien évidemment, non. Il ne s'agit pas ici de négocier avec votre N+1 au sens d'une négociation commerciale d'égal à égal car – par définition – vous n'êtes pas son égal. Il est fondamental de vous rappeler ce positionnement : vous êtes sous l'autorité de votre N+1 et vous dépendez donc de ce qu'il va vous demander de faire, dans les limites bien sûr du périmètre de votre poste.

> **En pratique**
>
> Investissez du temps dès le début dans cette relation essentielle, non seulement pour que votre prise de fonction soit validée, mais aussi afin d'établir une relation de long terme avec lui.

Ces précautions étant prises, vous pouvez néanmoins négocier – au sens de discuter pour vous mettre d'accord – avec votre N+1, au moins sur un certain nombre d'aspects en déclenchant plusieurs réunions :

Première réunion : les attentes réciproques

- Présentez-lui la liste de ses attentes telle que vous les avez comprises (« Voilà ce que j'ai compris de vos attentes ») en vous appuyant le plus possible sur des faits précis, chiffrés, datés.
- Validez ensuite cette liste auprès de lui :
  - Qu'est-ce qui est ok ?

– Quels sont les oublis, s'il y en a ?

– Quelles seraient les incompréhensions, les imprécisions à clarifier ?

• En reprenant chacune des attentes exprimées, demandez-lui le niveau de priorité qu'il envisage pour chacune d'elles.

• Prenez rendez-vous pour lui présenter votre plan d'action.

• Confirmez ces attentes dans un email de synthèse.

Deuxième réunion : le plan d'action

• Présentez-lui votre plan d'action prévisionnel pour les 100 premiers jours, sur la base de ses attentes, en requérant ses remarques.

• Accordez-vous sur des points de situation réguliers durant cette phase d'intégration (si possible hebdomadaire, au maximum toutes les deux semaines).

• Confirmez ce plan d'action dans un email de synthèse.

Troisième réunion et suivantes : le suivi régulier de la prise de fonction

• Présentez-lui les actions que vous avez menées et celles que vous comptez mener ; il s'agit de la mise à jour du plan d'action précédent.

• Demandez-lui ses remarques et conseils.

• Expliquez les difficultés que vous rencontrez, en préparant pour chacune d'elles une option de solution ; demandez-lui de valider ou de corriger l'option présentée.

Cette démarche peut sembler assez scolaire mais n'oubliez pas que la relation avec votre N+1 sera primordiale dans votre prise de fonction. C'est de cette relation que sera décidée la confirmation ou non de votre mission dans l'entreprise. Les autres parties prenantes de votre prise de fonction ont leur importance (nous y reviendrons) mais la validation de votre N+1 sera déterminante.

Exercice

1. Qu'est-ce qu'attend mon N+1 de moi ?

....

....

2. Qu'est-ce que j'attends de mon N+1 ?

....

....

....

3. Comment est-ce que je m'adapte à son mode de communication afin d'éviter de le heurter ?

....

....

....

Il est primordial de bien comprendre les enjeux et l'agenda caché de notre N+1. Interrogez-le (*cf.* ci-dessus) puis vérifiez la validité de ce qui vous a été annoncé en vous renseignant par ailleurs. En effet, la plupart des intégrations qui échouent le sont par méconnaissance de l'agenda caché du N+1.

Utiliser les bons canaux de communication

Après avoir clarifié dans les grandes lignes votre plan d'action et sécurisé la relation avec votre N+1, il vous faut maintenant préparer votre communication. De quoi s'agit-il exactement ?

Dans toute communication interpersonnelle, il existe trois principaux canaux d'échange :

- Le canal verbal, qui est constitué des mots et phrases que nous utilisons pour nous exprimer. C'est le contenu de notre discours.
- Le canal para-verbal, qui est constitué de l'intonation de notre voix (rythme, graves/aigus, modulation).
- Le canal non verbal, qui est constitué de l'ensemble des gestes corporels, volontaires ou non, que nous manifestons lorsque nous nous exprimons.

Albert Mehrabian a pu mesurer l'importance relative de chacun de ces trois canaux de communication :

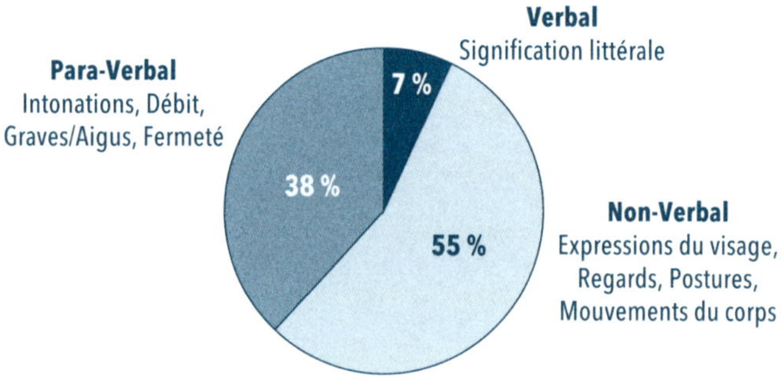

Figure 3.2 – Canaux de communication

Cette répartition concerne des conversations où l'on exprime des sentiments. Elle ne sera évidemment pas identique pour des conversations exclusivement techniques ou au contraire sans dialogue explicite.

Témoignage

Loïc Mahé, Senior vice-président en charge des ressources humaines des affaires industrielles chez Sanofi

« Au-delà de ce qu'il faut délivrer, il faut savoir le dire. Une communication utilisée à bon escient est un levier très efficace pour générer de la confiance. »

Que pouvons-nous déduire de cette étude en ce qui concerne votre communication orale auprès de vos collègues ? Qu'il est fondamental d'être aligné, congruent, lorsque nous allons leur expliquer qui nous sommes. D'où l'importance de l'alignement dont nous avons parlé ci-dessus entre motivations, personnalité et compétences dans l'élaboration du projet professionnel. Puis, de la congruence entre les messages que vous envoyez au niveau du contenu, de l'intonation de votre voix ainsi que de votre gestuelle. Si vous êtes aligné dans votre projet, alors votre communication personnelle sera congruente et vos interlocuteurs se diront « ça sonne vrai, cette personne est authentique ». Si ça n'est pas le cas, vous pourrez bien sûr toujours trouver des trucs et astuces pour masquer ce défaut de congruence, mais au final vous ne serez pas vrai et cela se verra. Nous savons tous en effet (au moins inconsciemment) capter les signaux non verbaux que nous envoient nos interlocuteurs. C'est aussi ce que capteront vos futurs collègues quand ils vous verront et vous entendront vous exprimer.

C'est à vous !

Lors d'un dialogue, étudier attentivement les éléments suivants :

- **Que me dit la personne (le contenu de son discours) ?**

  ....

  ....

- **Qu'est-ce que je remarque dans sa voix, sa gestuelle ?**

  ....

  ....

- **Qu'est-ce que je ressens quand je l'écoute ?**

  ....

  ....

Se présenter rapidement

Comment vous présenter efficacement à vos nouveaux collègues ?

Nous vous proposons ici deux types de présentations, pour deux types d'échanges : informel et rapide d'une part, plus approfondi d'autre part.

Notez 5 idées clés vous concernant, celles qui vous caractérisent, qui décrivent le mieux votre savoir-faire et votre personnalité. Le travail d'analyse de vos forces et faiblesses effectué en introduction vous sera utile.

Si vous rencontrez un collègue dans le couloir, à la machine à café, dans une réception, vous n'aurez sans doute que quelques secondes pour vous présenter. Il s'agit ici d'en dire suffisamment pour que votre interlocuteur sache qui vous êtes, mais pas trop pour qu'il ait envie d'en savoir plus... Il s'agit donc d'attiser sa curiosité.

À savoir

Ce sont ces 5 idées clés que retiendra vraisemblablement votre interlocuteur lorsque vous vous présenterez, identifiez les donc avec attention.

Cette présentation très rapide (moins de 30 secondes) pourrait ainsi être structurée de la façon suivante :

- Vos fonctions dans l'entreprise : métier, service, etc.
- Votre principale caractéristique : ce qui fait que vous avez été choisi (savoir-faire, formation, expérience spécifique, localisation géographique).

Exemple

« Je suis directeur administratif et financier des services de maintenance et expert en fusion-acquisition » ; ou encore « Je suis juriste en droit de la concurrence, spécialiste des questions européennes. »

Si vous rencontrez un collègue plus longuement, par exemple dans le cadre d'un entretien de prise de connaissance mutuelle, vous avez alors un peu plus de temps pour vous présenter puisque votre interlocuteur est précisément là pour ça, pour mieux vous connaitre. Mais le but là encore n'est pas de tout dire mais bien de tout mettre en œuvre pour susciter l'intérêt et amener des questions.

Vous pourriez donc cette fois structurer votre présentation, sur moins de 3 minutes, de la façon suivante :

- Vos fonctions dans l'entreprise : métier, service, etc.
- Votre parcours professionnel : en une ou deux phrases, un résumé synthétique de votre parcours jusqu'à aujourd'hui, en ne retenant que les étapes pertinentes avec vos nouvelles fonctions.
- Votre principale réalisation probante : une réalisation qui prouve les compétences que vous aurez à mettre en pratique dans vos nouvelles fonctions (*cf.* ci-dessus).
- Votre principale caractéristique ou valeur ajoutée.

Exemple

> « Je suis directeur de projet dans l'industrie des télécoms. Ingénieur de formation, j'ai déployé de nombreuses infrastructures de réseaux télécoms à l'étranger, en encadrant des équipes allant de 10 à 90 personnes.
> En Afghanistan notamment, alors que nous devions déployer le nouveau réseau de téléphonie mobile sur la capitale en moins de 6 mois, j'ai décidé de réunir chaque semaine ingénieurs, techniciens et sous-traitants tout en fixant une méthode rigoureuse de collaboration, ou chacun avait son mot à dire. C'est ainsi que nous avons pu ouvrir le réseau en juin 2003, moins de 6 mois après la signature du contrat initial et avec une équipe soudée.
> Ma principale valeur ajoutée dans le déploiement d'un réseau de télécoms, c'est d'aller vite, en mettant en place les conditions d'un bon travail collaboratif. »

La préparation de votre présentation orale est fondamentale pour laisser une bonne impression dans les premiers jours de votre prise de fonction. Vous devrez en effet montrer que vous êtes clair, synthétique, que vous avez une vraie valeur ajoutée et que vous ne cherchez pas à vous « raconter ».

En plus de cette présentation orale, vous devez aussi vous préparer à répondre aux questions de fond que ne manqueront pas de se poser certains de vos nouveaux collègues.

Exercice

Mettez-vous à la place de vos collègues qui ne manqueront pas de se demander :

1. Pourquoi avez-vous choisi notre entreprise ?

....

....

....

2. Qu'est-ce que vous allez nous apporter ?

....

....

....

3. Qu'est-ce qui a fait que c'est vous qu'on a choisi ?

....

....

....

....

Soyez certain que la plupart de vos collègues se poseront au fond d'eux-mêmes ces questions, qu'ils vous les formulent explicitement ou pas. Soyez le plus « vrai » possible, au sens de la congruence que nous avons décrite précédemment.

Informer votre réseau de vos nouvelles fonctions

Si vous venez de l'extérieur, vous allez devoir annoncer votre changement de situation. Ne le faites ni trop tôt – pour vous assurer que votre prise de fonction parte sur de bonnes bases – ni trop tard pour que vous confirmiez bien à vos nouveaux collègues que vous vous considérez comme étant complètement intégré dans leur entreprise. Peut-être après 2 à 4 mois de présence, à moduler en fonction de votre cas particulier et de la communication externe qu'en fera éventuellement votre entreprise.

En quoi consiste cette communication ?

• Envoyez un message à chacune des personnes que vous avez rencontrées dans votre phase de recherche pour leur annoncer votre changement professionnel. Commencez par les remercier pour l'aide qu'elles vous ont apporté.

• Mettez à jour votre profil sur les réseaux sociaux (LinkedIn, Viadeo, Xing).

Ce faisant, vous passerez le message à votre nouvelle entreprise ainsi qu'à votre réseau (personnel et professionnel) que vous êtes dédié à 100 % à vos nouvelles fonctions.

Mais que se passerait-il si, par malheur, votre embauche n'était pas confirmée ? Dans cette hypothèse (évidemment non souhaitable), vous aurez certainement intérêt à parler de cette période en termes de « mission professionnelle » et non de période d'essai proprement dite. Il est toujours valorisant, en effet, pour une personne en transition professionnelle de mener à bien des missions en entreprise, à la fois pour développer ses compétences et pour mieux connaitre le marché correspondant à son projet professionnel.

Conseil

Soyez clair sur la façon dont cette mission s'inscrit dans votre projet et votre parcours. Cette période de prise de fonction doit en effet rester un atout dans votre évolution professionnelle.

En interne aussi vous allez devoir communiquer. Au minimum bien sûr en rencontrant directement les gens, que ce soit en équipe, lors d'entretiens en tête à tête, dans les couloirs ou à la machine à café. Mais aussi de façon plus officielle, en annonçant que vous êtes arrivé. Souvent, ce n'est pas à vous de faire cette annonce, qui est prévue par la DRH ou par votre N+1. Quoi qu'il en soit, relisez le communiqué d'annonce interne avant sa diffusion et préparez avec votre hiérarchie les annonces prévues directement vers les collaborateurs.

Adopter les habitudes de l'entreprise

Dès les premiers jours, essayez de vous adapter aux habitudes de vos nouveaux collègues. Voici quelques actions simples à mettre en place :

- Rencontrez les personnes, passez du temps à dire bonjour
- Utilisez le vocabulaire de votre nouvelle entreprise (mots clés, abréviations), évitez les remarques du genre : « Dans mon ancienne boite... »
- Respectez les horaires habituels (vos collègues arrivent-ils vers 08 h 30, ou plutôt vers 10 h ?).
- Suivez les codes vestimentaires (jean ? cravate ?).
- Apprenez par cœur les valeurs affichées dans l'entreprise ; arrivant de l'extérieur, vous devez en effet impérativement montrer que vous les connaissez et que vous y croyez.
- Ne faites plus référence au passé, parlez au présent.

Plus généralement, faites oublier que vous êtes arrivé récemment, faites en sorte d'être perçu comme « faisant partie

Conseil

> Ne critiquez jamais votre précédent employeur. Ni l'entreprise dans son ensemble, ni votre précédent N+1 ou d'autres collègues. Vous êtes arrivé dans une nouvelle entreprise, c'est maintenant vers le futur qu'il vous faut regarder.

des meubles », au point que tout le monde pense que vous êtes là depuis 2 ou 3 ans.

Le plus possible, tâchez de comprendre quel est le mode de reconnaissance de l'entreprise : est-on valorisé dans l'action, dans le renforcement de la cohésion d'équipe, dans le respect des décisions hiérarchiques ?

Témoignage

Jacques Adoue, Group Head of Employee Relations, South & Central Europe Human Resource Director chez Capgemini

« L'humilité dans une prise de fonction est fondamentale. On est souvent recruté sur ses compétences et ses connaissances, mais il ne faut jamais oublier que les gens sont là depuis plus longtemps que soi. »

Exercice

1. Quelles sont les valeurs affichées de l'entreprise ?

....

....

2. Quelles sont les habitudes (horaires, codes vestimentaires, style de communication…) ?

....

....

....

3. Quel est le mode principal de reconnaissance ?

....

....

Rencontrer les personnes clés

Vous aurez intérêt à rencontrer individuellement les personnes clés de votre organisation, afin de vous faire connaitre et accepter par elles mais aussi de comprendre quels sont leurs enjeux. Il s'agit donc de rencontrer non seulement les décideurs de votre prise de fonction mais aussi toute personne avec laquelle vous devrez interagir dans votre nouveau périmètre (services support, collègues, pairs, collaborateurs...). Pensez aussi à rencontrer les jeunes de votre entreprise ainsi que ceux qui viennent d'arriver. Ils auront certainement une vision plus ouverte que la plupart des autres collaborateurs en place depuis de nombreuses années.

Conseil

Prenez le temps de nouer une relation durable avec les personnes clés de votre prise de fonction.

Mettez toutes les chances de votre côté pour vous faire accepter par vos nouveaux collègues et commencer à établir une relation de confiance. La confiance met du temps à se construire et se perd facilement.
Prenez le temps nécessaire (environ 1 h) pour rencontrer chacune de ces personnes clés en restant vigilant sur quelques jalons importants :

- **Présentez-vous brièvement** : il s'agit de la présentation orale (maximum 3 minutes) décrite précédemment. Cette présentation synthétique vous permettra de vous faire connaitre de façon efficace et non intrusive ;
- **Demandez-leur quelles sont leurs attentes** : en quoi pouvez-vous leur être utile ? De la réponse à cette question dépendra l'intérêt qu'ils porteront ou non à la réussite de votre prise de fonction ;
- **Demandez-leur conseil** : les gens aiment donner des conseils. Interrogez votre interlocuteur sur les remarques et conseils qu'il estime intéressant de partager avec vous. Cela vous permettra non seulement de récupérer quelques précieuses informations mais aussi de repérer les éventuelles chausse-trappes que vous pourriez trouver sur le chemin de votre prise de fonction... Souvent, les personnes ainsi interrogées en profitent pour dire

au nouveau manager ce qu'elles attendent pour elles-mêmes de sa prise de fonction. Attention néanmoins ici de ne pas apparaitre comme quelqu'un de faible qui aurait absolument besoin de conseils pour perdurer dans la structure.

- **Proposez-leur un point de situation prochain**. Ce point est fondamental, à la fois pour valider concrètement les attentes de votre interlocuteur, mais aussi pour suivre les évolutions de son intérêt pour votre prise de fonction ; faites attention notamment aux signaux non verbaux durant ces interviews.

Par ce questionnement et cette écoute vigilante, vous gagnerez deux fois : en recevant des informations utiles et en vous faisant apprécier de vos interlocuteurs. En effet, sur une semaine, combien de personnes rencontrées s'intéressent-elles vraiment à ce que vous faites ? Alors allez-y ! Mais attention à bien vous positionner en écoute vigilante, certainement pas en donneur de leçons, ce qui aurait l'effet inverse au but recherché. Cela peut paraitre évident *a priori*, mais l'expérience prouve que nous sommes souvent plus prompts à donner des conseils qu'à en recevoir...

En pratique

> Demandez des conseils, en précisant bien que vous déciderez par la suite de la mise en application ou non de ceux-ci.

N'oubliez pas en effet que les personnes que vous allez rencontrer se poseront immanquablement les questions suivantes (qu'elles vous le disent ou non) :

- « Qui est-il ? »
- « D'où vient-il ? »
- « Quels changements va-t-il mettre en place ? »
- « Quelles sont ses habitudes ? »

In fine, ils ne retiendront que 5 mots clés vous caractérisant. Soyez donc en mesure de répondre – par la parole et par votre comportement – à toutes ces interrogations implicites.

Si lors d'un déplacement, vous rencontrez une personne que l'on vous a déjà présentée et dont le nom vous échappe, vous ne pourrez que très difficilement lui demander une nouvelle fois son nom. En revanche, vous pouvez vous présenter à nouveau à lui : « Je crois que nous avons été présentés, je m'appelle David Martin. » Ce faisant vous gardez le cadre de la discussion tout en amenant votre interlocuteur à se présenter une nouvelle fois à vous

Exercice

1. Qui sont les personnes clés dans ma prise de fonction ?

....

....

2. Quelles sont les questions particulières que j'aurais intérêt à leur poser ?

....

....

Rencontrer vos collaborateurs

Rencontrez chacun de vos collaborateurs directs lors d'entretiens en tête-à-tête afin d'instaurer un climat de confiance entre vous et d'aborder les vrais sujets. Gardez à l'esprit que vous êtes, pour eux, la personne qui a le plus de leviers sur leur quotidien et leur avenir professionnel. Instaurez par conséquent un climat de confiance et posez vos questions de façon à recueillir vraiment leurs opinions, et non des réponses politiquement correctes dont vous ne saurez que faire.

Pour cela, vous pouvez utiliser plusieurs méthodes :

- Poser des questions ouvertes, c'est-à-dire qui ne débouchent pas sur un « oui » ou sur un « non ». Par exemple : « Comment selon vous pourrions-nous améliorer la cohésion de notre équipe ? », « Que me conseilleriez-vous de faire pour développer notre activité ? », « En quoi puis-je vous être utile ? ». Vous constaterez, par les réponses reçues, que ce type de questions ouvre le champ des possibles tout en laissant votre interlocuteur entièrement libre de ses réponses.

- Poser des questions décalées dans le temps : « Comment vous voyez-vous dans 2 ans ? », « il y a 1 an, comment auriez-vous imaginé la situation du business aujourd'hui ? »

- Poser des questions décalées dans l'espace : « À ton avis qu'est-ce que le responsable d'une autre *business unit* du groupe apprécie dans notre *business unit* ? Qu'est-ce qu'il n'apprécie pas ? »

Il s'agit ici de techniques de questionnement qui permettent de connaitre ce que pense réellement votre interlocuteur. L'important est d'être congruent avec soi-même et à l'écoute des autres.
Mais poser des questions ne suffit pas. En tant que manager, vous avez intérêt à vous positionner clairement afin de prendre toute votre place dans la relation hiérarchique avec votre subordonné. Une façon de vous positionner en tant que manager tout en responsabilisant votre collaborateur consiste à relever une ou plusieurs de ses qualités ou compétences spécifiques (que vous aurez remarquées ou dont vous aurez eu connaissance auparavant) et à lui dire combien vous comptez sur ces qualités ou compétences dans la bonne marche de votre service. Bien sûr, il s'agit ici de relever des qualités ou compétences bien réelles et ne surtout pas dévier vers la flatterie, qui aurait là encore l'effet opposé au but recherché.

Enfin, vous pouvez avoir besoin de passer des messages spécifiques à l'un ou l'autre de vos collaborateurs. Une action particulière à effectuer en urgence, un comportement qui a été remarqué par les autres membres de l'équipe, une mission que vous pensez éventuellement lui confier, etc. Si cela est possible, ne soyez pas trop directif à ce stade de votre relation, laissez plutôt votre collaborateur

À savoir

Être à l'écoute, au sens fort du terme, peut se résumer ainsi : « Écouter, c'est ne pas savoir ce qu'on va dire avant que l'autre ait fini de parler. »

s'exprimer et vous dire ce qu'il souhaite. Il sera toujours temps d'effectuer un recadrage plus tard si nécessaire.

Ces premiers entretiens avec vos collaborateurs vont être très importants (c'est la première impression que vous allez leur laisser), aussi préparez-les soigneusement et soyez à l'écoute de leurs besoins.

C'est à vous !

- **Pour chacun de mes collaborateurs, quelles sont les questions que je souhaite leur poser ?**

....

....

- **Pour chacun d'entre eux, quelles sont ses principales qualités ou compétences clés ?**

....

....

- **Pour chacun d'entre eux, quels sont les messages spécifiques à faire passer ?**

....

....

Gérer la relation avec votre concurrent interne

Lorsqu'on prend de nouvelles fonctions, il arrive souvent qu'une personne déjà en place ait souhaité avoir votre poste. Le départ d'un manager est en effet souvent anticipé (officiellement ou non) bien avant qu'il ne quitte effectivement son poste, et ce changement génère fréquemment des convoitises. Soyez donc particulièrement vigilant lorsque vous rencontrez vos collègues afin d'identifier cette personne (si elle existe).

S'il s'agit d'un pair qui aurait souhaité évoluer en prenant votre poste ou élargir son périmètre de responsabilités, soyez particulièrement vigilant à verrouiller votre propre périmètre. Clarifiez cela précisément avec votre N+1, puis en le communiquant clairement auprès de vos équipes. Fixez des objectifs ambitieux (et partagés) avec votre équipe afin qu'ils soient motivés par le but à atteindre, plus que par le périmètre en lui-même qui n'est *in fine* qu'un moyen d'atteindre ces objectifs.

S'il s'agit d'un collaborateur (le cas le plus fréquent), vous pouvez mettre en place les actions suivantes :

- Identifier les réseaux internes de votre collaborateur.
- Comprendre ses motivations profondes : pour cela vous pouvez déclencher un entretien en tête-à-tête avec lui afin de lui demander ce qu'il attend de votre prise de fonction et ce en quoi vous pouvez lui faire de l'ombre. Pas sûr qu'il réponde entièrement à toutes ces questions... Mais cet entretien vous aura certainement permis de récupérer quelques informations intéressantes et vous aurez peut-être pu ressentir à son non verbal s'il avait des motivations cachées... En parallèle de cet entretien, essayez de vous renseigner auprès de vos autres collaborateurs, pairs et N+1 sur ce qu'ils pensent des motivations de ce collaborateur « concurrent ».
- Lui fixer des objectifs ambitieux en augmentant sa charge de travail. Puisqu'il considère qu'il pouvait prendre de nouvelles fonctions, pourquoi ne pas lui demander plus de travail ? En lui demandant plus qu'il ne faisait jusqu'à présent, vous vous positionnerez en tant que manager qui dirige son équipe, vous limiterez le temps de nuisance qu'il pourra utiliser contre vous et vous le mettrez en face de nouvelles responsabilités sur lesquelles il devra à son tour faire ses preuves... En vous apportant des résultats.
- Valider ces nouveaux objectifs spécifiques auprès de votre N+1.

Nous verrons comment analyser les enjeux, réseaux et comportements de vos concurrents dans le sociogramme ci-dessous.

Incarner votre rôle de manager

Conseil

Mettez tout en œuvre pour installer une bonne ambiance au sein de votre équipe.

En prenant vos nouvelles fonctions, vos collaborateurs et collègues vont se demander qui vous êtes et comment vous vous comportez habituellement. Pour répondre à cette attente, tout en respectant les habitudes de travail existantes, marquez votre arrivée par une décision incarnant votre style de management privilégié. En effet, si vous faites du copier-coller de ce que votre prédécesseur (s'il y en avait un) faisait avant vous, vous êtes à peu près sûr d'échouer. Non seulement parce que vous le ferez par définition moins bien, mais aussi parce que vos collaborateurs s'attendent de fait à voir quelqu'un de différent, qui par conséquent se doit d'agir différemment.

C'est pourquoi, si vous avez par exemple plutôt un style de management participatif, réunissez votre équipe, fixez les objectifs de la réunion, laissez s'exprimer chacun en favorisant le débat, puis essayez de dégager une ligne commune à ces discussions et prenez une décision en dernier ressort.

Vous pouvez aussi tout simplement changer la configuration physique de votre bureau : déplacer le mobilier, les armoires. Vos nouveaux collègues ressentiront ainsi visuellement dès leur arrivée dans votre bureau que vous êtes différent du précédent manager.

Favorisez les moments de convivialité entre vos collaborateurs et ayez de l'humour. Oui, de l'humour ! Bien sûr, l'humour ne se décrète pas nous direz-vous, mais si vous vous mettez en situation d'envisager les événements sous cet angle, vous verrez que beaucoup de situations sont propices à son expression.

Une enquête réalisée par David Autissier dans son livre *Petit traité de l'humour au travail* montre que l'humour est considéré comme indispensable par 96 % des salariés interrogés, tandis que 63 % de ces mêmes salariés estiment qu'il n'est pas suffisamment mobilisé au travail !

Prenez du recul, envisagez les situations sur ce qu'elles ont de décalé, et vous joindrez ainsi l'utile motivation de vos collaborateurs à un agréable lâcher-prise.

Gardez aussi du temps pour vos collaborateurs. Faites le tri dans vos réunions, dans vos actions (cf. établissement des priorités ci-dessus) afin de rester disponible pour écouter les collaborateurs qui en exprimeront le besoin. Sachez garder votre porte ouverte et conserver des créneaux libres de tout engagement pour pouvoir recevoir vos collaborateurs dès que nécessaire. Il est important en effet que votre équipe se sente soutenue ; vos collaborateurs vous en seront reconnaissants et pourront ainsi être d'un grand soutien dans vos 100 premiers jours ainsi que dans le déploiement de votre stratégie. Montrez dès le début que vous êtes à leur côté.

Exemple

Une manager qui était tellement affairée dans son quotidien pour faire avancer les résultats de son département en oubliait de parler avec ses collaborateurs. Heureusement, ayant pris conscience à temps de ce comportement et du ressenti de son équipe, elle a pu dégager du temps pour écouter de façon approfondie les collaborateurs qui le souhaitaient, constatant qu'une simple écoute – pour peu qu'elle soit vraie – pouvait permettre à ses collaborateurs de trouver leurs propres solutions.

Vous pouvez aussi marquer votre présence par votre capacité de travail ou par votre implication dans la vie de l'entreprise. Choisissez les moyens qui vous correspondent pour faire savoir qui vous êtes. Dans tous les cas, démarquez-vous, montrez votre personnalité.

En revanche, nous vous conseillons de ne pas mener d'action lourde de conséquences durant ces 100 premiers jours, comme par exemple licencier quelqu'un. Vous risqueriez sinon de passer pour un manager dangereux pour ses équipes et ainsi de ne pas être confirmé dans votre période d'essai. Si cela vous était néanmoins demandé, négociez avec votre N+1 pour décaler le plus loin possible la mise en œuvre de cette séparation, en tout cas après les 100 jours. Si malgré toutes ces précautions vous deviez néanmoins réaliser un licenciement, restez le plus factuel possible, en expliquant à votre équipe les raisons objectives de cette séparation qui était prévue de longue date. Il s'agit là encore de limiter les risques de vous faire rejeter par le nouveau système dans lequel vous venez d'entrer.

Exemple

Un directeur industriel nous témoigna, lors d'une conférence, qu'il n'avait pas été vigilant sur les risques encourus par le fait de licencier un collaborateur. Quelques semaines après son arrivée, son N+1 lui demanda en effet de se séparer de son chef d'atelier (qui était son N–1), au motif que celui-ci n'avait pas appliqué le nouveau processus d'industrialisation (une production à flux tendu en utilisant une boucle kanban) qui avait pourtant été approuvé en comité de direction. Notre directeur industriel, qui n'aurait pas naturellement pris une telle décision, du moins dans l'immédiat, constata effectivement le manquement de son collaborateur. De plus, il constata assez vite que son N–1 ne faisait pas ce qu'il lui demandait et disposait manifestement de réseaux de pouvoirs assez puissants de par son passé dans l'entreprise (plus de 15 ans). Il appliqua donc la décision de son N+1 et le chef d'atelier quitta l'entreprise. La conséquence ne se fit pas attendre : une levée de boucliers de la part de son équipe, furieuse que l'on ait pu se séparer d'un pilier de l'entreprise et – surtout – avec la crainte que les licenciements se poursuivent. Notre directeur industriel ne fut pas reconduit dans sa période d'essai.

Si vous pensez être surqualifié, ne le faites pas remarquer. Efforcez-vous alors de réussir là où l'on ne vous attend pas. Le moyen le plus sûr de grimper est de réussir. Assurez-vous que votre environnement (N+1 mais aussi supérieurs fonctionnels ou chefs d'autres unités) constatent vos succès et/ou remarquent votre vision stratégique. Vous pourrez alors les interroger sur la façon dont ils voient votre évolution professionnelle. Mais soyez patients, ne brusquez pas leurs décisions.

Enfin, nous ne pouvons passer sous silence un sujet non politiquement correct qui est celui de la spécificité de la prise de fonction de femmes managers. De nombreux témoignages recueillis convergent pour relever que les collaboratrices d'une entreprise sont souvent perçues comme étant plus dans le «*care*», la relation, l'attention aux autres. Cette perception, qui reste présente dans beaucoup d'environnements professionnels, peut avoir pour conséquence de les amener parfois à se considérer comme moins légitimes que des hommes pour occuper des postes à responsabilités. Il peut en résulter pour certaines une propension à se montrer très exigeantes vis-à-vis d'elles-mêmes et même parfois à se dévaloriser jusqu'à douter de leur capacité à prendre des fonctions dans lesquelles pourtant elles seraient très performantes.

Témoignage

Mylène Collin, DRH de Bouygues Telecom

« Les femmes doivent souvent concilier une très grande exigence professionnelle (pour prouver à leurs collègues qu'elles sont légitimes) et une nécessaire organisation de leur vie personnelle et familiale. Ce qui fait qu'elles ont souvent moins de temps pour développer leur réseau professionnel. »

Ces mêmes témoignages relèvent aussi que les femmes auront parfois intérêt à apporter une attention particulière à leur style de management, leur mode d'expression, leur code vestimentaire, afin de ne pas laisser place aux remarques. Ceci demande bien sûr à être nuancé et adapté en fonction du contexte particulier de votre entreprise, mais nous ne pouvions éluder une problématique que beaucoup de femmes ont manifestement rencontrée en entreprise, particulièrement lors de leur prise de fonction.

Exercice

Quelles sont les actions que je pourrais réaliser afin de marquer ma présence tout en ne modifiant pas trop les habitudes de travail existantes ?

....

....

S'étonner

Une façon efficace de prendre votre place et de mieux appréhender votre nouvel environnement est de rédiger un rapport d'étonnement. Il s'agit ici de faire la liste des sujets qui vous surprennent. En voici quelques exemples :

- Vous remarquez le premier jour en arrivant dans votre usine qu'il y a un pilier juste au milieu de l'allée centrale de l'atelier. Plus personne n'y fait attention. Et après 2 ou 3 jours, vous non plus n'y ferez plus attention...
- La direction de l'ingénierie ne communique pas avec la direction des achats, bien que votre nouvelle entreprise assure l'intégration de systèmes techniques complexes. Même les directeurs respectifs de chaque service ne se parlent pas...

Vous pouvez donc rédiger, pour vous-même dans un premier temps, tous ces étonnements au fur et à mesure que vous les remarquez (si possible chaque soir). L'idée ici est de noter ce qui vous étonne pour ne pas l'oublier. Si vous pensez que la situation le permet, déclenchez un entretien avec votre supérieur hiérarchique environ 2 à 4 mois après votre arrivée, afin de lui présenter un rapport de ces étonnements que vous avez notés. Soyez vigilant à rester le plus factuel possible : vous pouvez en effet vous étonner mais nous vous conseillons vivement de ne pas faire de

Conseil

Gardez précieusement ces notes et relisez-les de temps en temps.

recommandation et de ne pas nommer les personnes en question. Il ne s'agit pas ici de juger de la valeur du fonctionnement de votre nouvelle entreprise mais de relever les points qui vous surprennent. L'analyse qualitative et le plan d'action correctif correspondant pourront être réalisés après.

Une façon de restituer ce rapport d'étonnement consiste à rédiger vos commentaires en deux parties distinctes :

- Une première partie mentionnant les points forts, positifs, que vous avez pu constater dans le fonctionnement de votre nouvel environnement. Ne citez que les faits, rien que les faits, ni sentiment, ni jugement de valeur.
- Une deuxième partie mentionnant les points d'amélioration possibles, en les décrivant chacun sous la forme d'interrogations neutres, par exemple :
  - « Pourquoi les équipes de l'ingénierie et des achats ne communiquent-elles pas entre elles ? »
  - « Pourquoi les entretiens annuels de certains managers sont-ils effectués avec leur N+2 et non avec leur supérieur hiérarchique direct ? »

Quoi qu'il en soit ne portez jamais de jugement ni ne donnez de conseil. Les étonnements que vous considérez *a priori* comme négatifs doivent en effet être les plus neutres possibles, d'où la proposition de les formuler sous forme interrogative.

Ce rapport d'étonnement n'est pas une évaluation de votre environnement (comme une analyse SWOT pourrait l'être, comme nous verrons ci-dessous) mais bien une liste d'étonnements sur lesquels vous n'apportez pas encore de jugement à ce stade.

Ne dépassez pas 2 pages pour cet exercice. Il est important en effet de rester synthétique pour que votre N+1 se souvienne bien des constats clés que vous avez mis en exergue.

Si cet entretien est bien préparé il peut s'avérer très riche en informations complémentaires. Vous verrez en effet aux réactions de votre supérieur hiérarchique (que celles-ci soient verbales ou non verbales) si vos remarques touchent des points majeurs ou non. Et vous montrerez ainsi une fois de plus que vous savez prendre le temps d'écouter et de regarder avant d'agir.

Exercice

Qu'est-ce qui m'a surpris dès les premiers jours de mon arrivée ?

....

....

....

....

....

Réaliser des *quick wins*

Pendant les 100 jours vous aurez intérêt à incarner votre rôle en tant que personne et en tant que manager. Il vous faut aussi prouver que vous savez agir avec efficacité, que vous avez votre valeur ajoutée propre au-delà de vos capacités de manager. Pour cela, vous devez réaliser quelque chose de tangible, de visible pour le reste de l'entreprise et prioritairement pour les personnes qui valideront votre prise de fonction.

Vous pouvez ainsi identifier dans les premières semaines des réalisations concrètes que vous pourrez mener à bien et dont vous êtes sûr du résultat. Ce sont les victoires rapides, actions simples et rapides que vous êtes sûr de réussir à 100 %.

Cela peut être par exemple la conclusion d'un contrat qui trainait en longueur, la finalisation d'un projet compliqué, une première commande chez un nouveau client stratégique, etc. En tout cas, une action qui compte pour votre N+1 et qui ait un impact direct sur le business (en termes de chiffre d'affaires, de résultat ou d'efficacité opérationnelle).

Pour mener à bien ces victoires rapides, vous pouvez suivre la méthode suivante afin de maximiser leur impact :

- Définissez en amont, pour vous-même, la réalisation à effectuer :
  - objectif visé ;
  - moyens dont vous disposez ;
  - résultats à obtenir.
- Puis agissez et réussissez
  - Les résultats doivent être concrets et indiscutables
- Enfin, assurez-vous que les résultats de votre action sont connus auprès de votre équipe, de votre N+1 et des autres services de votre entreprise ; faites en sorte que cette communication soit large et puissante. Si possible, assurez-vous que cette communication soit faite par quelqu'un d'autre que vous et ne vous attribuez pas directement la réussite de l'action ; vos collègues et votre management ne vous en seront que plus reconnaissants.

Évitez de communiquer sur ces actions rapides avant leur réalisation définitive. L'essentiel ici est en effet de marquer les esprits en montrant votre efficacité

Ces *quick wins* vous permettront ainsi de passer un triple message à votre nouvel environnement :

- Vous savez agir de façon autonome ;
- Quand vous agissez, vous réussissez ;
- Vous ne vous mettez pas en avant.

Mais ce conseil ne va-t-il pas à l'encontre de ce que l'on préconise habituellement en management : « Dire ce qu'on va faire et faire ce qu'on a dit » ?

Pas dans la mesure où il s'agit ici d'actions que vous effectuez vous-même, au début de votre prise de fonction. En effet prévenir votre entourage que vous allez agir risque au mieux de rendre la réussite inintéressante et au pire d'élever contre vous des barrières. Agissez donc de façon exemplaire, et ne communiquez qu'après.

Il n'est pas nécessaire de réaliser beaucoup de ces actions, ni que celles-ci soient stratégiques, mais ces actions doivent être précises, partagées et réussies.

C'est l'une des garanties du succès de votre période d'intégration. Et de la construction d'une relation de confiance avec votre environnement en général et vos collaborateurs en particulier.

Exercice

Quelles sont les actions que je pourrais mener rapidement et qui ont 100 % de chance de réussir ?

....

....

Prendre soin de vous

Vous l'avez constaté, les 100 premiers jours sont souvent tendus et peuvent générer du stress. Durant toute cette période nous vous recommandons de prendre soin de vous, de garder la forme au niveau physique et mental.

N'hésitez pas à faire du sport. Les médecins recommandent souvent de faire 3 séances de 45 minutes de sport de fond chaque semaine pour rester en forme physique. Vous constaterez ce faisant que vous gérerez beaucoup mieux le stress durant cette phase tendue de votre vie professionnelle.

Évitez de faire trop d'heures supplémentaires. Il arrive fréquemment en effet que de nouveaux managers veuillent trop bien faire tout de suite au détriment de leur santé. Le résultat est qu'ils fatiguent (voire dans certains cas extrêmes finissent en burn-out) et qu'ils sont moins efficaces qu'ils ne le seraient habituellement. En revanche, un manager qui prend du temps pour lui, qui continue à rencontrer des amis, à sortir, sera paradoxalement plus efficace que s'il travaillait sans discontinuer. Pensez à vous, c'est de votre carrière mais aussi de votre équilibre de vie dont il s'agit.

Exercice

Quelles sont les résolutions que je décide d'appliquer pour prendre soin de moi ?

....

....

....

....

....

Même au travail, prenez le temps de vous arrêter pour vous reconcentrer sur vos priorités. On se fait souvent vite déborder en effet par le quotidien et le stress de tout ce qui arrive durant la période d'intégration. Vous pouvez pour cela vous appuyer sur un soutien professionnel (sponsor interne, coach externe) pour vous aider à recaler vos priorités et voir ou vous vous situez personnellement dans votre prise de fonction.

Quoi qu'il en soit gardez le cap, ne déviez pas de vos objectifs. L'instauration de la confiance est à ce prix.

À retenir

Les 100 premiers jours sont une période particulièrement importante de votre prise de fonction. Afin de réussir à vous rendre crédible auprès de votre nouvel environnement nous vous recommandons de rester vigilant aux points suivants :

- Comprendre et satisfaire les objectifs de votre N+1
- Écouter, écouter, écouter… sans changer vos habitudes
- Mener à bien quelques victoires rapides (que vous êtes certain de réussir à 100 %)

JE CHERCHE LE NOUVEAU DIRECTEUR COMMERCIAL !
VOUS LE TROUVEREZ À LA COMPTA, À LA DRH, AU RÉFECTOIRE ET AUSSI AUX STOCKS...
maraï

4 Comprendre l'environnement interne

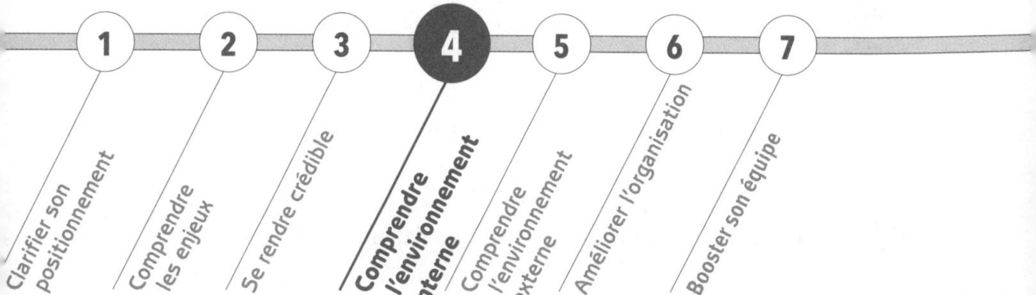

POINTS CLÉS

→ **Quels sont les circuits de décision, formels et informels ?**

→ **Qui sont vos alliés, qui sont vos opposants ?**

→ **Comment fonctionne votre équipe ?**

OBJECTIF Savoir où vous mettez les pieds.

CONSEIL DU COACH Observez attentivement votre environnement afin de comprendre comment se prennent vraiment les décisions.

QUIZ

		Oui	Non
1	Savez-vous comment est gouvernée votre entreprise ?	☐	☐
2	Connaissez-vous les processus de décision officiels ?	☐	☐
3	Avez-vous repéré vos alliés et vos opposants ?	☐	☐
4	Connaissez-vous les motivations de vos collaborateurs ?	☐	☐
5	Savez-vous ce qu'est un sociogramme ?	☐	☐
6	Connaissez-vous les enjeux des personnes qui vont décider de la réussite de votre prise de fonction ?	☐	☐
7	Avez-vous étudié les différents cercles d'influence à l'œuvre ?	☐	☐

Brief du coach

- Si vous avez répondu « oui » à une majorité de questions, parcourez rapidement les jalons décrits dans ce chapitre pour être sûr de ne rien oublier.
- Si vous avez répondu « non » à une majorité de questions, prenez le temps de lire en détail les lignes qui suivent.

Votre crédibilité professionnelle est fondamentale dans la réussite de votre prise de fonction. Mais elle n'est que la condition nécessaire de sa réussite. En effet vous disposez d'environ 100 jours pour interroger votre entourage afin de comprendre qui fait quoi, où sont les décideurs, quels sont les vrais organes de décision, en bref comment fonctionne votre environnement interne. C'est une période courte durant laquelle vous avez le droit de vous étonner, de poser toutes les questions que vous estimez nécessaires, voire même (dans une certaine mesure) d'afficher une certaine naïveté. Alors profitez-en ! Après il sera trop tard et vous ne pourrez plus poser de questions structurelles sans remettre en cause votre légitimité.

La gouvernance

Si vous commencez votre investigation par le haut, alors l'une des premières questions à vous poser sera celle de la gouvernance.

Qui contrôle votre entreprise ? Nous vous recommandons de vous renseigner en détail sur la gouvernance de votre entreprise, à deux niveaux :

- les dirigeants opérationnels (membres du comité de direction) ;
- les actionnaires (représentés par le conseil d'administration).

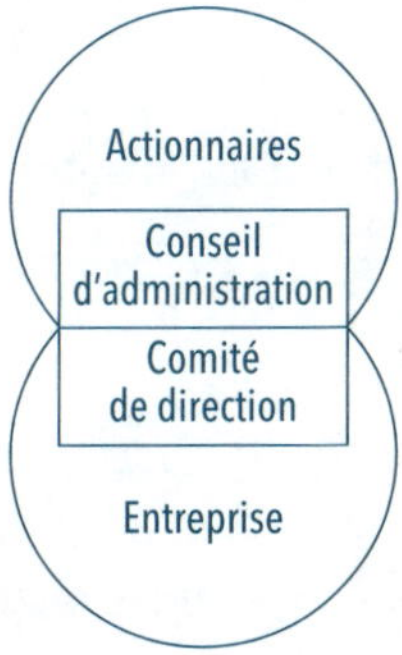

Figure 4.1 – Gouvernance d'entreprise

C'est de ces derniers en effet que viendra la direction donnée à l'entreprise. Est-ce une société cotée ? Une entreprise familiale ? Une entreprise sous LBO (*Leveraged Buy-Out*) ? Les orientations politiques ne seront évidemment pas les mêmes et leurs répercussions opérationnelles non plus.

Les grandes orientations sont données par le conseil d'administration (CA), représentant des actionnaires, qui les transmet au directeur général (DG), pour mise en œuvre grâce à son comité de direction (CODIR) et leurs équipes opérationnelles.

Il est donc important de bien comprendre les principaux leviers de décision de votre nouvelle entreprise.

C'est à vous !

- **Qui sont les actionnaires de l'entreprise, si celle-ci n'est pas cotée en bourse (famille fondatrice, État, investisseurs institutionnels, fonds d'investissement, participations croisées, salariés, autocontrôle, flottant) ?**

....

....

....

- **Quels sont les enjeux de chacun des actionnaires majoritaires ?**

....

....

....

- **Qui sont les membres du CA (et quels actionnaires représentent-ils) ?**

....

....

....

- **Quelles sont les relations du DG avec le CA ?**

....

....

- **Qui sont les membres du CODIR et quels sont leurs réseaux internes ?**

....

....

• • •

Quelles sont les relations du DG avec le CODIR ?

....

....

....

....

Cette analyse de la gouvernance et du *top management* va vous permettre d'appréhender les grandes orientations politiques de votre entreprise. C'est en quelque sorte le fil rouge de tous les changements opérationnels que vous pourrez constater.

L'organigramme

L'organigramme est la description de l'organisation qu'il faut bien sûr connaitre au plus tard à son arrivée dans l'entreprise. Nous vous invitons à le demander très vite si on ne vous l'a pas déjà transmis, et à l'étudier très attentivement. C'est un signe fort, concernant la façon dont les tâches sont réparties, mais aussi de la culture de l'entreprise.

Il se peut aussi que l'organigramme n'existe pas. Par exemple, dans de petites entreprises contrôlées par le fondateur dans lesquelles tout le monde se connait, ou encore dans certaines entreprises à management dit « libéré » (cf. ouvrages de Vineet Nayar ou d'Isaac Getz sur le sujet). Dans tous les cas, qu'il existe ou non, l'organigramme est un signe fort de la culture de votre entreprise.

Il va vous falloir très vite investiguer le fonctionnement officiel de votre nouvelle organisation, avec pour objectif de comprendre clairement les processus de décision hiérarchiques et fonctionnels.

Dans le cas d'entreprises « classiques » (c'est-à-dire où une organisation a été mise en place par le haut) on retrouve souvent différentes structures d'organigramme :

La structure hiérarchique linéaire	**La structure fonctionnelle**	**La structure hiérarchico-fonctionnelle**
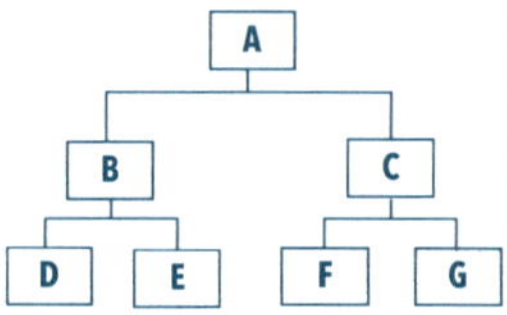	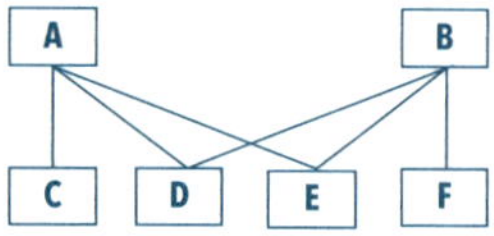	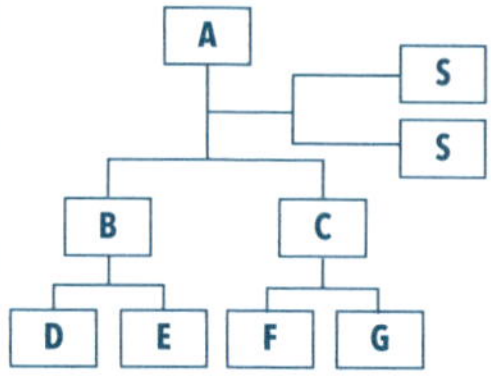
Une personne commande (A). Les ordres suivent la voie hiérarchique ; ils descendent du responsable (B ou C) jusqu'à l'exécutant (D, E, F ou G).	Plusieurs responsables (A, B) assurent le commandement, chacun dans son domaine. Un exécutant (C, D, E ou F) peut recevoir des ordres des différents responsables.	Une personne commande (A). Elle est entourée de personnes compétentes qui la conseillent : le staff (S).

(Source : Nathan technique/i-Manuel)

Figure 4.2 – Exemples d'organigrammes

• La structure hiérarchique linéaire définit clairement les périmètres et délégations de pouvoir de chacun. C'est le fonctionnement en silo des structures classiques dans lesquelles chacun sait ce qu'il doit faire. Peu de marges de manœuvre officielles donc dans de telles organisations, avec par conséquent souvent le développement de circuits de décision parallèles non-officiels

• La structure fonctionnelle définit les responsabilités transversales de chaque acteur. Chacun rapporte à différents managers en fonction de son domaine de compétences. On se trouve alors souvent devant un double reporting : « *solid line report* » avec son N+1 hiérarchique et « *dotted line report* » avec son N+1 transverse. Un salarié doit alors naviguer entre ces deux reporting, cette structure l'incitant donc à partager l'information et à obtenir l'accord des parties prenantes d'une décision. Cette organisation apporte plus de souplesse au fonctionnement de l'organisation, mais avec parfois un risque de flou dans la délégation des responsabilités

- La structure hiérarchico-fonctionnelle est une combinaison de structure hiérarchique et d'équipes de soutien, avec un reporting hiérarchique (classique) et un ou plusieurs reporting fonctionnel (en fonction des activités exercées)

Mais il arrive que l'organisation explicite soit beaucoup plus complexe, intégrant plusieurs liens matriciels croisés entre les différentes fonctions ; ce qui est souvent le cas dans des entreprises anglo-saxonnes.

En ce qui concerne les jeux de pouvoir, qui sont inhérents à toutes les organisations, nous vous recommandons aussi d'analyser les liens qui unissent les principaux acteurs concernés par votre prise de fonction.

En pratique

Demandez, dès les premiers jours, l'organigramme de votre entreprise et commencez à l'analyser en profondeur.

Les circuits de décision

Une fois l'organigramme appréhendé, profitez de votre arrivée pour connaitre très vite les circuits de décision de votre nouvelle entité, que ce soient ses procédures ou ses processus.

- La procédure est la façon d'accomplir une opération ; elle s'intéresse à la manière de faire et à la responsabilité de la personne plus qu'au circuit de décision proprement dit.
- Le processus décrit, quant à lui, l'enchainement des activités entre elles afin d'arriver à un résultat ; il désigne donc les acteurs et responsables de l'enchainement de ces actions, ainsi que les modifications de cet enchainement (par boucle de rétraction).

Cette analyse des procédures et processus est absolument nécessaire pour ancrer votre prise de fonction dans la réalité de votre entreprise. Il faut donc y passer le temps nécessaire pour comprendre toutes ces règles, pour ensuite seulement tenter d'analyser les jeux parallèles qui peuvent éventuellement interférer.

Après avoir compris le fonctionnement de votre nouvel environnement, essayez d'identifier le plus clairement possible les personnes clés, celles qui vont valider votre prise de fonction. Qui sont-elles, quels sont leurs enjeux et leurs priorités ?

Il s'agit souvent du Directeur des Ressources Humaines (DRH) et du supérieur hiérarchique (N+1) mais pas seulement, eux-mêmes étant liés à d'autres personnes clés. Il pourra ainsi être intéressant de comprendre sur qui votre DRH s'appuiera pour prendre sa décision (DRH groupe, syndicats, personnes clés) et à qui votre N+1 demandera un avis avant de prendre sa décision (N+2, autres N+1, collaborateurs, clients internes, services fonctionnels), toutes les personnes, donc, qui sont de près ou de loin impactées par votre prise de fonction.

Exercice

1. Quels sont les processus clés de l'organisation actuelle ?

....

....

2. Ces processus donnent-ils des résultats acceptables en termes de qualité, de fiabilité et de délais ? Si non, pourquoi ?

....

....

Une fois ces personnes identifiées, rencontrez chacune d'entre elles afin de cerner en quoi vous pourriez servir la réalisation de leurs propres enjeux (cf. entretiens ci-dessus auprès des personnes clés). Si vous répondez en effet aux enjeux des décideurs de votre prise de fonction, alors vous aurez gagné.

Les alliés, les opposants

Quels sont vos alliés *a priori* (ceux qui semblent vous soutenir) et les personnes qui vous semblent peu sûres ? Sachez sur qui vous pouvez compter et à qui vous devez faire attention. Vos alliés peuvent être ceux qui ont un intérêt à ce que vous preniez vos nouvelles fonctions, ceux qui apprécient votre style de management, ceux qui sont motivés pour faire bouger les choses...

Les personnes peu sûres en revanche seront plus difficiles à identifier. Il pourra s'agir de personnes dont vous contrecarrez les enjeux (vous avez pris le poste qu'ils convoitaient, vous marchez sur leurs plates-bandes), que vous brusquez par votre façon de faire (changement d'habitudes), auxquels vous faites peur (vous êtes un risque pour la pérennité de leur job dans l'entreprise)...

Bien sûr il ne s'agit pas ici de certitudes mais d'intuitions, qui pourront être approfondies et si nécessaire remises en question par la suite.

Témoignage

Paule Arcangeli, directrice générale adjointe en charge des ressources humaines de AG2R - La Mondiale

« Essayez de savoir, au-delà l'organigramme papier, ou sont les pouvoirs, d'où viennent ces personnes. »

Il est possible que vous ayez un allié particulier dans la place, un sponsor qui vous soutienne dans votre entreprise. C'est peut-être la personne qui vous a aidé à obtenir votre nouveau poste, ou une personne clé de l'organisation (qu'elle soit en haut de l'organigramme ou non), quoi qu'il en soit une personne qui défendra votre cause et saura passer des messages

Conseil

> Trouvez un sponsor dans l'entreprise qui ait un intérêt à ce que vous réussissiez votre prise de fonction.

aux bonnes personnes dans l'organisation. Si vous disposez d'un tel sponsor, profitez-en, rencontrez-le souvent et sachez lui demander d'agir en votre faveur au bon moment.

Vous pouvez également avoir un mentor dans l'organisation, c'est-à-dire une personne qui vous conseille pour la réussite de votre prise de fonction. Il peut s'agir du sponsor que nous avons évoqué précédemment mais pas nécessairement. Si cette personne est suffisamment disponible, écoutez bien ses recommandations et présentez-lui vos problèmes, vos étonnements, vos doutes. Elle vous renseignera certainement avantageusement sur les aspects opérationnels de votre prise de fonction.

Exercice

1. Qui sont *a priori* mes alliés ?

....

....

....

....

2. Qui sont *a priori* mes opposants ?

....

....

....

....

L'équipe

Vous prenez la responsabilité d'une nouvelle équipe, il est donc fondamental que vous passiez du temps pour bien comprendre les personnalités, fonctions, rôles, jeux de pouvoir, motivations, forces et faiblesses des membres de cette équipe.

Vous rencontrerez certainement en effet des personnes qui ne souhaitaient pas votre venue, d'autres au contraire qui vont en profiter pour se décharger de certaines de leur responsabilité sur vous, d'autres enfin qui vont bétonner leur périmètre pour éviter que vous fassiez de l'ingérence.

La grande majorité des réponses à toutes ces questions vous sera fournie par les entretiens formels et informels que vous aurez avec les membres de votre équipe. Là encore, écoutez, tant les messages explicites qu'implicites et soyez vigilants aux signaux faibles.

Au-delà de cette approche qualitative des relations, vous aurez intérêt aussi à évaluer concrètement le niveau des membres de votre équipe, en termes de compétences et de résultats chiffrés.

C'est à vous !

Pour chacun des membres de votre équipe (reporting direct) :

- **Quelles sont ses compétences démontrées ?**

....

....

- **Quelles sont ses principales motivations ?**

....

....

• • •

- **Sur une échelle de 1 à 5, quel est le degré d'influence dans l'organisation que j'attribue *a priori* à mon collaborateur ?**

....

....

- **Sur une échelle de 1 à 5, quelle est la confiance que j'accorde *a priori* à mon collaborateur ?**

....

....

La culture d'entreprise

Au départ, vous avez plutôt la forme d'un carré et vos collègues de ronds : il va vous falloir « arrondir les angles », pour passer du carré (le nouvel entrant avec une culture différente) au rond (le modèle de culture, de valeur, de comportement dominant la nouvelle entité) pour mieux vous fondre dans l'ensemble et créer de bonnes interactions entre les autres et vous, de la même intensité que celles qui existent déjà entre les autres protagonistes.

Mais quelle est cette culture de votre nouvelle entreprise ?

Il s'agit ici non seulement des habitudes, des us et coutumes de vos collègues, mais aussi des symboles, des normes et des croyances de votre nouvelle entité.

Il existe trois axes complémentaires définissant la culture d'une entreprise.

- Les symboles sont les signes (logo, vêtements, bureaux) qui favorisent un sentiment d'appartenance à un groupe de personnes. Vous serez accepté si vous adoptez ces symboles : habillez-vous dans le style des collaborateurs (jean, cravate, costume...), prenez la place que l'on vous propose (open space, bureau seul, à deux, etc.).

- Les normes sont les règles sociales partagées qui dictent les comportements reconnus dans l'entreprise, ceux qui sont récompensés ou au contraire ceux qui suscitent le mépris.

Par exemple, comment réagissent vos collègues lorsque votre entreprise gagne un contrat ? Est-ce que les équipes célèbrent l'événement ou passent tout de suite à un autre projet ? À titre d'exemple, il n'y a pas si longtemps, les équipes d'une importante société de service en informatique avaient pour habitude à chaque nouveau contrat signé de sonner du clairon dans l'open space !

Comment réagit le management quand votre entreprise perd un contrat ? Est-ce qu'une chasse aux coupables se met en place ? Ou, au contraire, une réunion de retour d'expérience a lieu durant laquelle on focalise sur les points d'amélioration ?

Plus encore, quel est l'environnement de travail ? Comment sont les rapports humains (conviviaux, stricts, absents) ? Sur quelles bases s'est construite cette entreprise (histoire fondatrice, convictions partagées par tous les salariés, habitudes non négociables) ?

- Les présupposés, ou croyances, sont les règles non dites qui sous-tendent le système relationnel ; les présupposés les plus signifiants concernent le pouvoir (cf. les jeux de pouvoir que révèle le sociogramme) et les valeurs (quelles actions les collaborateurs considèrent-ils comme destructrices ou au contraire créatrices de valeur ?)

Afin de bien comprendre cet axe de la culture de votre entreprise vous pouvez vous reporter à la charte des valeurs, souvent communiquée aux collaborateurs à leur arrivée. Il est probable que vous adhérerez à certaines valeurs et que d'autres vous paraitront futiles, voire absolument déplacées en regard de ce que vous avez constaté depuis votre arrivée. Qu'importe, apprenez ces valeurs par cœur et conformez-vous aux comportements qu'elles induisent. Il est important en effet que vos nouveaux collègues constatent que vous connaissez les valeurs de l'entreprise.

Cette analyse de la culture de votre entreprise, qui est une donnée intangible, est souvent fondamentale dans la validation d'une prise de fonction. Si vous n'adhérez pas à la culture de votre nouvelle entité, il y a peu de chance que vous perduriez. Sachant que ces éléments de cultures sont le plus souvent inconscients ! Attention donc à bien comprendre cet élément fondamental de votre nouvel environnement.

Un manager décrivait récemment la culture de sa nouvelle entreprise (une société de haute technologie dans le domaine de la sécurité) :

- Les symboles : logo simple et aux couleurs pastel, bureaux seuls ou à deux, costume et cravate de rigueur.
- Les normes : un vouvoiement en fonction de l'âge de l'interlocuteur, une décontraction de façade mais avec une hiérarchie non exprimée omniprésente, l'importance d'avoir son réseau en interne.
- Les présupposés : un culte du secret omniprésent (trop parler amène à une catastrophe), l'importance d'agir en réseau et de trouver des appuis dans l'organisation.

Une valeur cardinale de ce manager étant la liberté, il n'a d'ailleurs pas pu rester très longtemps dans une entreprise ayant ce type de culture !

Exercice

1. Quels sont les us et coutumes qui me surprennent dans mon nouvel environnement ?

....

....

2. Qu'est-ce que je décide de faire concrètement pour m'adapter ?

....

....

3. Quels sont les faux pas culturels ou politiques potentiellement dangereux que je dois éviter ?

....

....

Le sociogramme

Nous connaissons l'organigramme, cartographie des responsabilités et des circuits de décision officiels. En revanche, il est une cartographie dont nous avons moins l'habitude même si nous en soupçonnons souvent l'existence : le sociogramme, qui rend compte des liens entre les acteurs et donc des circuits de décision officieux. Ce sociogramme ne va pas à l'encontre de l'organigramme mais vient le compléter dans la compréhension que nous avons des relations au sein de l'entreprise. Un sociogramme est élaboré pour un enjeu donné, en l'occurrence ici la réussite de votre prise de fonction. Il doit être entièrement revu si vous décidez de vous en servir pour un autre enjeu.

Témoignage

Michèle Amiel, directrice générale adjointe du MEDEF, ex-directrice générale de Givenchy

« Il faut se mettre en observation sur les personnes clés de la gouvernance, officielle et officieuse. Qui décide de quoi, qui est influent sur quoi, au-delà des organigrammes ? Une fois ces personnes identifiées, quelles sont leurs attentes et leurs priorités dans l'écosystème ? »

Avant de se lancer dans son élaboration, il faut bien comprendre qu'un sociogramme cherche à modéliser les relations entre les personnes, qui sont par nature complexes et donc non modélisables. Bref, nous sommes ici dans un paradoxe. Le sociogramme ne sera donc pas le résultat d'une science exacte. Il sera élaboré sur un mode itératif, par touches successives, et non de façon figée comme peut l'être un organigramme. Ne perdons pas de vue en effet que l'objectif ici est de réussir sa prise de fonction et donc, *a fortiori*, d'être confirmé dans sa période d'essai (qui peut être soit

À savoir

Les circuits de décision au sein d'une entreprise dépendent toujours d'un organigramme (explicite) et d'un sociogramme (implicite).

officielle s'il s'agit d'une nouvelle entreprise, soit officieuse s'il s'agit d'une mutation interne).

En prenant une feuille de papier, vous pouvez maintenant représenter les acteurs de votre système par un cercle, en vous plaçant au centre du diagramme et en plaçant tous les autres acteurs influençant votre prise de fonction autour de vous. Dans notre définition, un acteur est une personne qui a des intérêts rationnels à agir dans une situation spécifique. Nous vous conseillons de ne pas placer plus de 5 à 6 acteurs au total sur votre sociogramme, au risque sinon de rendre très compliqué un outil qui est avant tout là pour simplifier !

À savoir

Le sociogramme est à but pratique, il n'est pas une science exacte.

Une fois tous les acteurs positionnés, vous au centre, reliez tous les acteurs qui interagissent entre eux. Puis, sur chaque lien, indiquez si selon vous la relation est plutôt :

- positive (+), signifiant que les acteurs s'apprécient globalement et arrivent à bien travailler ensemble ;
- négative (–), signifiant de fortes difficultés *a priori* à travailler ensemble ;
- égale (=), signifiant que la qualité de la relation est soit neutre, soit inconnue à ce stade de votre investigation.

Vous verrez apparaitre de façon simple les enjeux des différents acteurs, vous donnant ainsi une cartographie des complémentarités et des tensions par rapport à votre prise de fonction.

Illustrons le sociogramme à partir d'un exemple. Le cas présenté ici, dont certains détails ont été modifiés pour des raisons de confidentialité, est un cas réel.

Admettons que vous ayez rencontré, par votre réseau, votre futur N+2 qui dirige plusieurs entreprises, toutes filiales d'un même groupe. L'entretien s'est très bien passé et celui-ci souhaite travailler avec vous, la réciproque étant vraie. Votre futur N+2 a la problématique suivante : un de ses directeurs de filiale (votre futur N+1) ne fait pas la croissance à deux chiffres qu'il devrait faire et sur lequel le groupe s'est engagé au vu du potentiel du marché où est positionnée son entreprise. Il vous demande donc de rencontrer ce dirigeant afin de voir si vous ne pourriez pas l'aider dans le développement de son activité, en prenant dans un premier temps la direction d'une Business Unit (BU) au sein de sa filiale. Vous rencontrez un peu plus tard votre futur N+1, l'entretien se passe normalement, sans affect particulier, mais plutôt positivement puisque celui-ci vous fait une proposition d'embauche pour que vous preniez la direction d'une des BU de sa filiale et que vous le secondiez. Beau défi, vous dites-vous. Vous signez.

Voici le sociogramme correspondant :

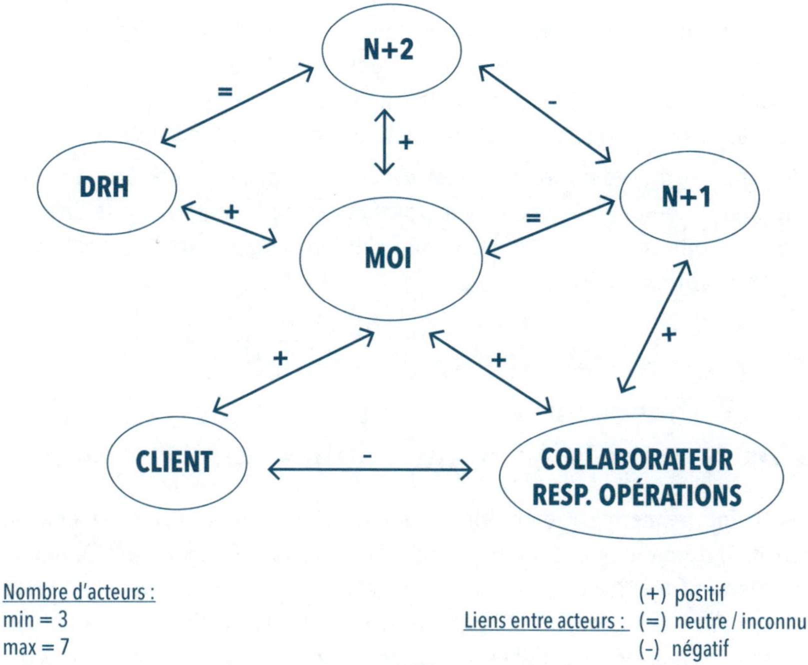

Figure 4.3 – Exemple de sociogramme

Ce sociogramme décrit deux situations distinctes : une problématique de management et une problématique de prise de fonction à proprement dit.

La problématique de management que vous allez rencontrer dans votre propre BU (les 3 acteurs en bas du diagramme)

Le sociogramme montre une tension entre votre client principal et votre responsable opérationnel. Alors que dans l'organisation officielle, le client est censé s'adresser en direct au responsable des opérations, qui a son tour s'adresse à vous. Le fait de mettre « à plat » les relations entre acteurs (internes et externes) de l'entreprise permet donc d'éclairer la qualité des liens correspondants. Comment résoudre cette problématique opérationnelle que vous avez relevée ? Le sociogramme ne le dit pas mais vous devrez agir assez vite pour conserver la confiance de votre client. Vous pourrez, par exemple, affecter le responsable opérationnel sur un autre périmètre, ou mettre une autre personne en interface entre le client et le responsable opérationnel. Ce sera à vous de décider.

Ce type de problématique, que vous pourriez avoir identifiée dans vos premières semaines, ne concerne pas immédiatement votre prise de fonction mais pourrait rapidement générer des blocages dans le développement de votre activité.

Votre problématique personnelle de confirmation de votre prise de fonction (les 3 acteurs en haut à droite du diagramme)

Le sociogramme montre en effet que la relation entre « moi » et « N+2 » est positive (le premier entretien de recrutement s'est très bien passé), que la relation entre « N+1 » et « N+2 » est négative (le N+2 considère que le N+1 ne remplit pas ses objectifs de croissance) et que la relation entre « moi » et « N+1 » est *a priori* neutre (l'entretien s'est déroulé correctement, sans plus, mais avec tout de même une proposition de job à la clé). Sachant que la relation du DRH avec l'ensemble des autres acteurs est plutôt positive ou neutre.

Au vu de ce constat initial, que pouvez-vous en déduire ? Assez directement que votre N+1 se trouve pris en tenaille, entre le N+2 d'une part qui veut le contrôler, et vous d'autre part qui avez accès directement au N+2 et pouvez donc communiquer des informations confidentielles mettant en risque sa position de directeur de filiale. Le lien qui, initialement, était qualifié de neutre (=) entre « moi » et « N+1 » va en fait se transformer très vite en lien clairement négatif (-), le N+1 souhaitant de toute force que vous partiez le plus vite possible afin qu'il puisse garder le contrôle de sa filiale et réaliser ses propres objectifs de croissance, sans que des informations confidentielles remontent à son management au risque de le discréditer.

Bref, vos jours sont comptés. Mais ne croyez pas que le N+1 va vous dire explicitement de partir ! Ce faisant il faudrait qu'il justifie sa décision auprès du N+2 et, du même coup, qu'il explique qu'il souhaite garder des informations pour lui. En fait, plus vraisemblablement, il va vous mettre une série de peaux de bananes bien placées afin que vous tombiez tout seul et qu'il ait alors toute légitimité pour se séparer de vous. Comportement tordu ? Pas tant que ça au vu des hypothèses posées. Structurellement, vous mettez en risque votre N+1. Et cela n'est pas dû à sa personnalité ou à son profil psychologique, c'est uniquement dû à la sociologie de la situation, où pour une série d'hypothèses données, l'acteur considéré (le N+1) réagit au mieux de son intérêt rationnel bien compris.

C'est à vous !

- **En prenant une feuille de papier vierge, placez-vous au centre et positionnez les principaux acteurs (de 3 à 7 au maximum) ayant un impact sur la validation de votre prise de fonction.**
- **Tracez les liens entre chacun des acteurs et mettez une évaluation *a priori* (sans pour autant que celle-ci soit validée) pour chacun d'eux.**
- **Reprenez le sociogramme quelques jours plus tard et modifiez les évaluations en fonction de ce que vous avez appris ; recommencez cette opération jusqu'à tant que les évaluations vous semblent justifiées.**

Les enjeux humains

Comment pourrions-nous approfondir l'analyse des jeux de pouvoir mis en lumière par ce sociogramme ? Essayons de clarifier ce qui fait bouger les acteurs de ce système.

Chaque acteur recherche un objectif, c'est son enjeu. Il s'agit littéralement de ce qui est « en jeu » dans sa situation, ce qu'il doit absolument réaliser. Cela peut être un objectif business déterminé par l'entreprise (augmentation du chiffre d'affaires, du résultat, de l'efficacité organisationnelle...) mais aussi un objectif plus personnel (reconnaissance sociale, évolution professionnelle, prime de fin d'année...). Quoi qu'il en soit cet enjeu va être le ressort, la direction qui va orienter toutes les actions de l'acteur concerné.

Pour réaliser son enjeu, l'acteur dispose de ressources qu'il peut activer dès que nécessaire. Il s'agit ici des leviers de pouvoir dont il dispose pour assurer son objectif.

Michel Crozier a permis d'identifier 4 leviers de pouvoir possibles dont dispose le manager (sachant qu'il ne dispose évidemment pas de tous ces leviers à la fois ni avec la même capacité) :

- **Levier hiérarchique :** il se compose de tout ce qui fait le pouvoir institutionnel du manager. L'organigramme définit son statut, sa définition de fonction, son pouvoir de décision, son domaine de délégation.

- **Levier d'expertise :** c'est la compétence propre du manager, sa connaissance du métier.

- **Levier de réseau :** il s'agit ici du pouvoir d'influer sur les autres acteurs, qu'ils soient internes ou externes à l'entreprise. Pour utiliser ce levier de pouvoir, le manager peut s'appuyer sur ses capacités relationnelles mais aussi – de façon souvent très efficace – sur sa capacité d'influence, de par son réseau personnel ou professionnel.

- **Levier informatif :** c'est le pouvoir de l'information. Moins important aujourd'hui qu'hier avec internet il garde souvent une importance conséquente notamment en ce qui concerne les données sensibles de l'entreprise (financières notamment).

Ces quatre leviers de pouvoir peuvent être utilisés ensemble ou séparément, en fonction bien sûr de la maitrise que l'on a de chacun d'eux.

Mais chaque acteur a aussi des contraintes, qui sont les facteurs l'empêchant d'atteindre son enjeu. Il s'agit là du talon d'Achille de l'acteur, ce qu'il veut absolument éviter, ce qu'il ne veut pas que l'on sache. Ce facteur est fondamental. Si vous connaissez la principale contrainte d'un acteur, vous connaissez sa zone d'incertitude, sa vulnérabilité. Mais attention à la façon dont vous allez gérer cette information, car le retour de bâton peut être très violent.

Enfin, pour atteindre son enjeu, l'acteur va donc s'appuyer sur ses ressources en évitant ses contraintes pour développer une stratégie adaptée. Cette stratégie sera de fait le comportement le plus adapté à la situation, dans un principe de « rationalité limitée ».

Approfondissons quelques instants ce concept. Souvent nous considérons que les acteurs d'un système – c'est-à-dire chacun d'entre nous dans une configuration donnée – agissent suivant une logique de rationalité « pure », c'est-à-dire correspondant à la solution optimale correspondant au problème posé. C'est de ce postulat d'ailleurs que découlent la plupart des stratégies « *top-down* », sans consultation des acteurs opérationnels, dans lesquelles les managers considèrent qu'ils sont les plus capables pour décider de l'unique meilleure solution organisationnelle pour l'ensemble du corps social. Or les acteurs suivent en fait chacun leur propre intérêt bien compris, suivant une logique de rationalité dite « limitée », qui correspond tout simplement à la solution la plus pratique face à la situation qui se présente. Cette solution prise avec rationalité « limitée » ne correspond donc pas nécessairement à la solution optimale pour tout le système mais correspond simplement et concrètement à une solution présentant le moins d'inconvénients pour l'acteur dans la situation qui se présente à lui ici et maintenant.

C'est donc selon cette notion de rationalité « limitée » que l'acteur va déployer la stratégie la plus adaptée pour répondre à son enjeu du moment, et non la déclinaison d'une solution de rationalité « pure » venant du *top management*.

Pour bien fixer les idées, reprenons la problématique numéro 2 de l'exemple précédent (dans laquelle nous vous avions projeté dans une prise de fonction) et détaillons pour les trois principaux acteurs de votre prise de fonction (« moi », « N+1 » et « N+2 ») ce que chacun met en œuvre pour atteindre ses enjeux.

D'après les relations mises en lumière par le sociogramme nous pouvons en déduire pour chacun des acteurs les enjeux, les moyens et comportements suivants :

Tableau 4.1 – Exemple d'analyse des jeux d'acteurs

Acteur	Enjeu	Ressource	Contrainte	Stratégie
Une personne/ un groupe de personne agissant de façon identique	Le problème à résoudre	Le principal levier de pouvoir mis en place	Ce qui empêche d'atteindre l'enjeu	Comportement adapté pour atteindre l'enjeu
MOI (N)	Confirmation de ma prise de fonction	Influence et relation avec le N+2	Subordination au N+1	?
N+1	Garder le contrôle de sa filiale	Détention de l'information	Relation entre N et N+2	Faire partir N
N+2	Contrôler la filiale	Hiérarchique de N et de N+1	Autonomie de décision de N+1	Demande d'informations à N

La question est donc : « Que devriez-vous faire dans cette situation ? »

Le sociogramme ne le dit pas directement, ce sera à chacun de s'adapter à la situation relationnelle que cet outil vous permet de mettre en exergue. Dans la situation décrite ci-dessus, plusieurs options pourraient être retenues :

- Aller expliquer la situation directement au N+2 ?
- Faire le job et se positionner en parallèle sur un autre dossier ?
- Faire alliance avec le N+1 en lui donnant des garanties ?

- Ou tout simplement partir tout de suite en mode « sauve-qui-peut » ?

Aucune solution n'est bien sûr parfaite, ce sera à vous de déterminer quel est le meilleur chemin pour naviguer dans cette configuration de jeu d'acteurs. Si vous ressentez que votre situation est particulièrement compliquée, nous vous conseillons vivement de demander l'aide d'un tiers, professionnel, qui puisse vous servir de miroir dans votre réflexion et vous donner le cas échéant d'utiles conseils dans la reconfiguration des jeux qu'il vous sera nécessaire de mettre en place.

C'est à vous !

Pour chacun des acteurs ayant un impact sur la validation de votre prise de fonction, déterminez :

- **son principal enjeu (ce qui est visé) :**

....

....

- **sa principale ressource (l'un des 4 leviers de pouvoir) :**

....

....

- **sa principale contrainte (point faible) :**

....

....

- **sa principale stratégie (comportement adapté) :**

....

....

Les cercles d'influence

Les liens que vous évaluerez entre les personnes peuvent s'être construits sur la base d'affects personnels mais aussi sur la base de réseaux existants. En effet, nous sommes tous, à un degré ou à un autre, membre d'un ou de plusieurs réseaux. Cela peut-être au niveau personnel (famille, cercle d'amis, activité associative, club de loisir, de réflexion, de lecture, etc.) ou au niveau professionnel (alumnis de grandes écoles, associations de métier, anciens d'entreprises, club de prestige, etc.)

Il est souvent difficile de cerner les réseaux de nos interlocuteurs, car cette information donne souvent beaucoup d'indications sur nos goûts, convictions, affinités, vulnérabilités même parfois. Ne vous attendez donc pas à ce que vos nouveaux collègues vous disent de but en blanc avec qui ils sont en réseau !

Pour cerner ces réseaux il va falloir vous armer de patience. Là encore soyez vigilant aux signaux faibles : Deux personnes qui pourtant ne travaillent jamais ensemble se rencontrent fréquemment ? Un manager qui a pris récemment d'importantes fonctions dans l'entreprise bien qu'il n'ait pas démontré de compétence particulière pour ce poste ? Deux personnes n'ayant *a priori* jamais travaillé ensemble arrivent à un accord après une simple conversation téléphonique ?

L'intérêt de connaitre les principaux réseaux de vos interlocuteurs est double : il vous aide à mieux comprendre – et donc à anticiper – le fondement des décisions que vous constatez dans l'entreprise et il vous donne un outil très efficace pour faire passer vos messages.

En pratique

Notez tout ce que vous remarquez d'étonnant dans les relations entre vos nouveaux collègues. Écoutez, faites parler, passez du temps avec vos nouveaux collègues et leurs amis.

Un message sera en effet d'autant plus marquant qu'il aura été transmis par un acteur éloigné de la cible visée. Prenons l'exemple suivant. Vous souhaitez passer à votre N+1 le message que la direction du contrôle de gestion de votre entreprise outrepasse ses attributions en décidant elle-même des prestataires avec lesquels il convient de travailler. Nous ne vous conseillons pas de le rapporter tel quel dans la période des 100 jours (ou seulement au travers du rapport d'étonnement, sous forme interrogative) car vous ne savez pas encore à ce stade quels sont les appuis de la direction du contrôle de gestion dans l'entreprise. En revanche, si vous avez réussi à identifier un membre du réseau de votre Directeur général qui serait susceptible d'avoir rencontré le même type de problème avec le contrôle de gestion, une option pourrait être de déclencher une rencontre. En premier lieu, pour vous présenter à lui (après tout vous êtes dans votre phase d'intégration) puis pour lui dire ce que vous avez constaté des agissements du contrôle de gestion. Si votre interlocuteur comprend qu'il a un intérêt à en parler au DG, alors l'effet sera démultiplié, d'autant plus que votre intermédiaire aura été éloigné du problème. C'est ce qu'on appelle l'effet de levier.

Mais les cercles d'influence ne concernent pas que les autres ! Intégrez vous aussi les cercles professionnels qui vous permettront de consolider et de démultiplier votre réseau. Connectez-vous aux associations professionnelles de votre secteur, proposez de représenter votre entreprise auprès de certaines instances, demandez autour de vous quels sont les cercles influents, comprenez les enjeux de vos collègues (le sociogramme pourra vous aider dans ce sens). Car *in fine*, n'oubliez pas que vous serez jugé tant au niveau de vos compétences, que de votre niveau hiérarchique, de votre gestion des informations et… de votre réseau.

À retenir

- Attention à bien identifier les enjeux humains derrière les organisations officielles. La réussite de votre prise de fonction dépendra en effet bien plus des agendas cachés de vos collègues (supérieurs, pairs et collaborateurs) que des résultats objectifs de votre action.
- Pour cela soyez méthodique et sachez écouter. Toutes les informations sont disponibles auprès de votre entourage, il suffit de savoir les repérer et les demander. Faites attention aux signaux faibles.

D'ICI RIEN
NE PEUT M'ÉCHAPPER !

5 Comprendre l'environnement externe

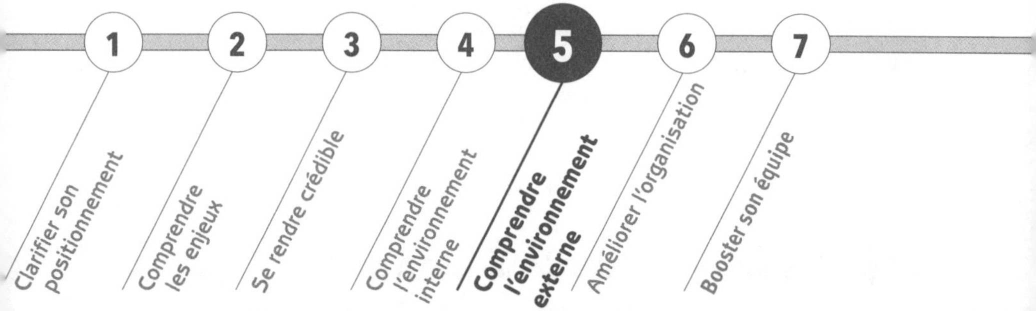

POINTS CLÉS

- → **Quel est le modèle économique de votre entreprise ?**
- → **Comment est-elle positionnée par rapport à la concurrence ?**
- → **Quels sont les risques auxquels elle doit faire face ?**

OBJECTIF Connaitre de façon approfondie le positionnement de votre entreprise.

CONSEIL DU COACH Utilisez des outils simples d'analyse de votre business afin de garder une vue d'ensemble.

QUIZ

		Oui	Non
1	Avez-vous répertorié les principaux risques de l'activité de votre entreprise ?	☐	☐
2	Connaissez-vous l'ensemble des parties prenantes de votre activité ?	☐	☐
3	Savez-vous à quel niveau de maturité se situe votre entreprise ?	☐	☐
4	Savez-vous où elle se situe sur la chaîne de la valeur ?	☐	☐
5	Connaissez-vous son positionnement stratégique ?	☐	☐
6	Avez-vous analysé son niveau de rentabilité ?	☐	☐
7	Savez-vous comment sont distribués les produits/services proposés ?	☐	☐

Brief du coach

- Si vous avez répondu « oui » à une majorité de questions, parcourez rapidement les jalons décrits dans ce chapitre pour être sûr de ne rien oublier.
- Si vous avez répondu « non » à une majorité de questions, prenez le temps de lire en détail les lignes qui suivent.

Les 100 premiers jours vont aussi vous permettre de bien maitriser l'environnement externe de votre nouvelle entreprise et de vos nouvelles fonctions. À l'issue de cette période vous devez en effet être en mesure de bien comprendre les enjeux de vos clients, les atouts et faiblesses de vos concurrents, la cartographie de toutes les parties prenantes, le modèle économique de votre entreprise et sa stratégie par rapport au marché.

Lors de cet exercice d'analyse et de compréhension soyez particulièrement vigilants aux signaux faibles de votre environnement. Des non-dits, des personnes qui ne souhaitent pas vous rencontrer, des clients qui ne vous disent rien, mais aussi une aide imprévue, le soutien de votre hiérarchie, les sourires de vos collaborateurs... Chacun de ces signaux ne constitue pas une décision en soi, mais la série de ces signaux faibles devrait vous interpeler en vous donnant des informations précieuses sur ce qui est susceptible d'arriver. Confrontez alors ce que vous avez perçu avec les observations (factuelles et confirmées celles-là) résultant de vos investigations.

L'entretien externe

Vous avez deux possibilités pour analyser l'environnement externe de votre entreprise :

- Récupérer des informations écrites (internet, documents internes) ;
- Récupérer des informations orales, des personnes au contact du business.

C'est sur cette deuxième possibilité que nous voudrions nous pencher ici, qui va certainement vous apporter les informations les plus riches.

Rencontrez toutes les personnes ayant une connaissance et/ou un impact sur le business de votre entreprise et – par conséquent – sur votre propre activité. Il s'agit bien sûr de personnes internes à l'entreprise (nous l'avons vu) mais aussi des personnes externes.

Voici *a minima* quelques exemples d'acteurs clés à rencontrer :

- Vos clients externes (les 20 % de clients qui génèrent 80 % de votre business) ;

- Vos clients internes (on en a toujours) ;
- Vos fournisseurs principaux (ceux sans qui votre activité s'arrêtera de tourner) ;
- Vos partenaires stratégiques (ceux qui vous permettent de délivrer une prestation de qualité à vos clients principaux).

Vous pouvez par exemple utiliser un canevas d'entretien comme celui-ci :

- Vous présenter en moins de 3 minutes ;
- Poser des questions ciblées :
  – Quelle est l'évolution de son entreprise ?
  – Quelle est la stratégie de son entreprise à court et moyen terme ?
  – Qu'attend-il de votre entreprise ?
  – En quoi votre interlocuteur est-il satisfait/insatisfait de votre entreprise ?
  – S'il était à votre place, que ferait-il ?
  – Comment personnellement voit-il la relation entre vous deux sur le long terme ?
  – Comment pourriez-vous renforcer le partenariat entre vos deux entreprises ?
  – Quand pourriez-vous faire ensemble un prochain point de situation ?
  – Autres points spécifiques
- Récapituler les points clés et le remercier pour cet entretien ;
- Envoyer un mail reprenant les points clés (ceux sur lesquels vous pourrez avoir une action positive) et en confirmant votre prochain point de situation ;

En menant ces entretiens auprès de toutes les parties prenantes concernées par votre nouvelle prise de fonction (directement et indirectement) vous gagnez sur les deux tableaux :

- Vous récupérez des informations fondamentales pour la consolidation de votre intégration et la mise en place de votre future stratégie ;
- Vous montrez que vous savez écouter et que vous prenez en compte les besoins de vos partenaires.

C'est à vous !

- **Quelle est la liste des parties prenantes que je dois rencontrer ?**

....

....

- **Pour chacune d'elle, qui peut me mettre en relation (si nécessaire) ?**

....

....

- **Pour chacune d'elle, quelles sont les questions clés à poser ?**

....

....

L'analyse des risques

Afin de cartographier rapidement les principaux risques encourus par votre entreprise, appuyez-vous sur la grille d'analyse ci-dessous (analyse PESTEL) en listant pour chaque catégorie l'ensemble des risques que vous estimez. Vous n'avez pas besoin à ce stade de vous lancer dans une analyse détaillée de tous les risques, il s'agit en effet plutôt de mettre à plat ce que vous avez (clairement ou confusément) identifié jusqu'ici.

Voici les exemples de catégories de risques proposés.

- **Politique :**
  Régulations, Fiscalité, Règles antitrust, Commerce extérieur, Aides publiques, Politique monétaire, Protection sociale...

- **Économique :**
  Cycles économiques, Taux d'intérêt, d'inflation, de changes (convertibilité), Politique économiques et fiscales, Chômage, Niveau de vie, Pouvoir d'achat et consommation, Niveau de confiance, Indices variés...
- **Social :**
  Démographie, Lois sociales, Niveaux d'éducation et de qualification, Image du travail, Accès à la main-d'œuvre, Styles de vie et consumérisme, Éthique, Minorités, Parités et égalités des chances...
- **Technologique :**
  Dépense en R&D, État, Privé, Règles de propriété et brevets, Intensité d'innovation, Pôles de compétence, Structure de recherche, Liens public et privé, Mutation technologiques ouvertes, Propriétaires...
- **Environnemental :**
  Sensibilité et forces écologiques, Règles anti-pollution, Gestion des déchets, Recyclage, Politique d'économie d'énergie, Responsabilité sociale...
- **Légal :**
  Lois sur monopoles, impactant l'économie, Lois sur OGM, Essais cliniques, Clonages, Droit du travail, Législation de la santé, Normes comptables et règles financières, Responsabilité des dirigeants...

Une fois la liste des risques identifiée, établissez pour chacun d'entre eux la probabilité de voir ce risque se concrétiser.

Puis essayez d'estimer (globalement) quel pourrait être l'impact d'un tel risque sur le business de votre entreprise. Cette estimation, même approximative, doit être chiffrée pour être tangible.

Enfin déterminez la criticité de chaque risque en multipliant la probabilité d'apparition par son impact, puis évaluez le rang d'importance de ce risque par rapport aux autres (1 pour le risque le plus important, 2 pour celui qui suit, etc.)

Vous aurez ainsi une rapide analyse de risque, faisant apparaitre le rang d'importance de chaque risque. Voici comment pourrait se résumer ce tableau d'analyse des risques :

Tableau 5.1 – Analyse de risques PESTEL

Risque	Description	Probabilité (%)	Impact (€)	Criticité (€)	Rang (N°)
Politique					
Économique					
Social					
Technologique					
Environnemental					
Légal					

Une fois cette analyse effectuée, vous pouvez alors sélectionner les principaux risques identifiés et mettre au point une stratégie pour diminuer leur impact :

- en amont par un plan de prévention ;
- en aval par un plan de recouvrement.

Cette analyse de risque va vous servir non seulement pour l'élaboration de votre stratégie de long terme mais aussi pour vous rendre crédible vis-à-vis de votre hiérarchie.

En pratique

Faites la liste des risques qui ont déjà eu un impact significatif sur l'activité.

Exercice

1. Remplissez dans un premier temps le tableau d'analyse des risques pour votre entreprise, en évaluant *a priori* les probabilités et l'impact.

2. Reprenez ce tableau quelques semaines plus tard pour préciser les données.

Les parties prenantes

Identifiez tous les acteurs intervenants dans l'écosystème de votre entreprise. Vous pouvez vous appuyer pour cela sur le diagramme de Michael Porter, complété par quelques principaux acteurs externes.

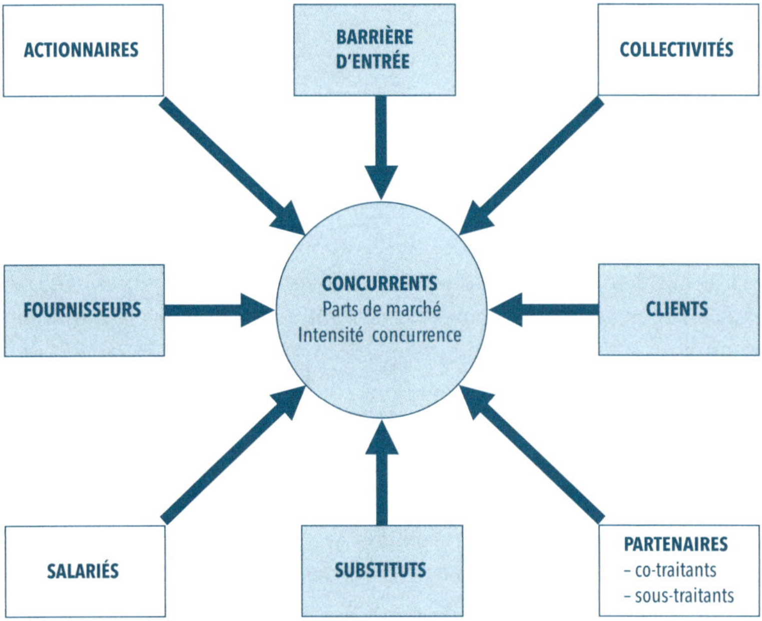

Figure 5.1 – Cartographie des parties prenantes

- **Concurrents principaux :** il s'agit de l'intensité concurrentielle et de la segmentation du marché telle que nous la verrons dans les paragraphes suivants.
- **Clients principaux :** quels sont les 20 % de clients qui génèrent 80 % du chiffre d'affaires de votre entreprise ? Répertoriez les dans un premier temps par type d'activité.

- Fournisseurs principaux : qui sont les fournisseurs clés qui, s'ils faisaient défaut, amèneraient à un arrêt de votre activité ?
- Barrière d'entrée : quelle difficulté y a-t-il pour un nouvel entrant de pénétrer sur votre marché ? Essayez de qualifier cette barrière d'entrée en termes de délais, de lobby, de moyens financiers et humains.
- Substituts : existe-t-il des produits ou services qui pourraient facilement se substituer à ceux que propose mon entreprise ?
- Actionnaires : comment se décompose l'actionnariat ? Les droits de vote au conseil d'administration ?
- Salariés : quels sont les principales revendications des salariés (salaires, conditions de travail, organisation, moyens, etc.) ? Étudiez pour cela les rapports du Comité d'Entreprise et les derniers dossiers aux Prud'hommes (s'il y en a). Quels sont les syndicats en présence et leur représentativité ?
- Collectivités : quels est l'intérêt des collectivités locales pour votre entreprise (emplois, impôts locaux, image de marque, etc.) ? En retour quel est l'intérêt de votre entreprise vis-à-vis des collectivités locales (subventions, aides au recrutement, au logement, responsabilité sociale, etc.) ?
- Partenaires : quels sont les partenaires stratégiques – principalement ceux qui ont un impact sur vos clients clés – auxquels il faut faire particulièrement attention ?

Cette analyse des parties prenantes peut être très approfondie ou au contraire ne reprendre que les points clés. Quoi qu'il en soit nous vous invitons à étudier les différentes questions évoquées dans ce diagramme afin de n'oublier aucun enjeu majeur d'une partie prenante qui pourrait s'avérer vitale pour votre entreprise.

Exercice

Placez toutes les parties prenantes de votre business sur le diagramme de Porter (figure 5.1) ci-contre.

Les parts de marché

Répertoriez les différents concurrents qui agissent sur votre marché. Même si cette première analyse n'a pas besoin d'être particulièrement détaillée, il est absolument nécessaire que vous estimiez le poids de vos principaux concurrents.

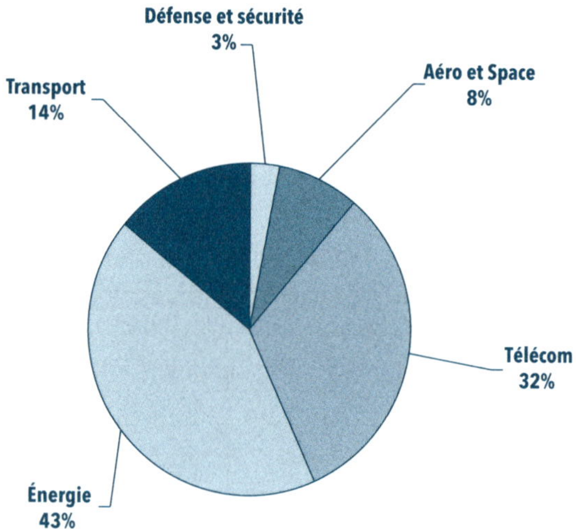

Figure 5.2 – Exemple de parts de marché

Exercice

Répertoriez tous vos concurrents et leurs parts de marché associées.

....

....

....

Les axes stratégiques

Une fois listés les noms et les poids de chacun de vos principaux concurrents, vous pouvez appréhender les spécificités de leur positionnement par rapport à celui de votre entreprise. Vous pouvez pour cela différencier les acteurs de votre marché (votre entreprise et ses concurrents) en sélectionnant quelques paramètres clés. Par exemple, la taille *versus* la notoriété clients, ou le volume de chiffre d'affaires *versus* la part de marché, ou encore le chiffre d'affaires versus la fiabilité technique des produits (cf. figure 5.3).

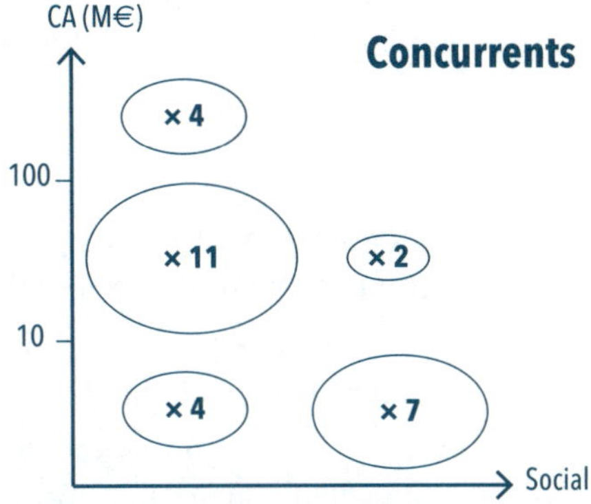

Figure 5.3 – Exemple d'axes stratégiques

Exercice

1. Déterminez deux axes différents permettant de séparer vos différents concurrents.

....

....

....

2. Placez tous vos concurrents sur le diagramme.
Cela fera ressortir de façon visuelle la problématique du positionnement de votre entreprise sur le marché.

Le mix marketing

Une autre donnée particulièrement importante du positionnement économique de votre entreprise est sa stratégie marketing. Quels sont les produits proposés ? Quels sont les niveaux de prix pratiqués ? Quels sont les canaux de distribution ? Quels sont les outils de communication correspondants ?

Vous pouvez analyser simplement le positionnement marketing de votre entreprise en étudiant les « 4P » du mix marketing que sont :

• Le produit (*Product*) : quels sont les produits ou services proposés ? À quel niveau de qualité ?

• Le prix (*Price*) : quels sont les niveaux de prix pratiqués, en fonction de chaque ligne de produits/services ?

• Les canaux de distribution (*Place*) : comment sont distribués les produits ? Par des distributeurs externes ? Par des commerciaux salariés ? Des agents ?

• Les outils de communication (*Promotion*) : comment fait-on la promotion des produits/services offerts ? Articles de presse, publicités, internet, réseaux sociaux, buzz...

Cette grille simple d'analyse vous permettra de vous poser quelques questions fondamentales sur la façon dont votre entreprise accède au marché.

Exercice

En reprenant les principaux produits de votre entreprise (règle des 80/20), déterminez le marketing mix pour chacun d'eux.

....

....

Le cycle d'innovation

Demandez-vous quelles sont les catégories de clients qui seront les plus intéressées par les produits/services que propose votre entreprise, en fonction de leur degré d'innovation.

Geoffrey More a ainsi repéré 5 catégories de clients qui adoptent différemment les produits/services proposés en fonction de leur degré d'innovation.

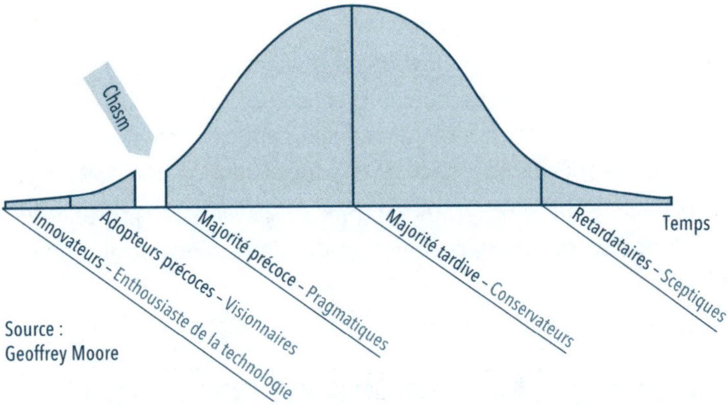

Figure 5.4 – Cycle de l'innovation

Voici brièvement la description de ces catégories.

- Les innovateurs (2 %) : Ce sont les agents de l'innovation, ceux qui vont lancer de nouvelles idées, demander le développement de nouveaux produits.
- Les adopteurs précoces (15 %) : Ces clients sont les « aficionados » de l'innovation qui commence à se faire connaitre sur le marché. Il s'agit des clients à la recherche de tout ce qui est nouveau (ex. nouveau smartphone, nouvelle mode vestimentaire)

À la suite de ces adopteurs précoces, on trouve souvent un fossé (« *chasm* » en anglais) les séparant des clients plus classiques, qui attendent que le nouveau produit soit définitivement validé et adopté.

- La majorité avancée (34 %) : ils veulent une amélioration continue du produit, en termes de qualité et de prix de vente. C'est le gros de la troupe, il est nécessaire de bien suivre l'évolution de leurs besoins.

En pratique

Demandez-vous où se situe votre entreprise dans le cycle d'innovation.

- La majorité tardive (34 %) : il s'agit des clients qui ne s'engagent que lorsque le produit/service est validé, confirmé, disponible partout. On peut parfois avoir tendance à négliger ces clients, qui sont pourtant ceux qui font durer le produit/service lancé.
- Les retardataires (15 %) : en fin de cycle, il s'agit ici des clients qui ne lâcheront jamais le produit/service, même si celui-ci est obsolète. Ils ne sont pas directement intéressants pour le développement de l'activité mais peuvent s'avérer très négatifs par leur force de critique. Attention donc à les ménager.

Cette analyse peut ainsi vous permettre de mieux appréhender les besoins des clients finaux en fonction du stade d'évolution de vos produits/services.

La maturité de l'entreprise

Sachez à quelle étape de son cycle de vie se trouve aujourd'hui votre entreprise. Aussi grande soit-elle, toute entreprise passe habituellement par différentes étapes clés que nous reprenons ci-dessous :

Figure 5.5 – Cycle de vie d'une entreprise

Ces différentes étapes du cycle de vie de votre entreprise correspondent à différents types de transformations auxquelles elle devra faire face.

Naissance

Il s'agit ici de start-ups ou plus largement de création d'activité. Pour ces entreprises en forte expansion vous aurez certainement intérêt à vous assurer d'une équipe resserrée et de la mise en place d'actions rapides et efficaces dès les premières semaines. La période d'écoute de l'environnement sera certainement inférieure à 100 jours, même si les points de vigilance resteront comparables.

Croissance

Il peut s'agir ici d'une forte croissance du marché mais aussi de changements structurels comme une fusion-acquisition, la création d'une joint-venture, un spin-off, la mise en place d'un Entreprise Resource Planning (ERP). Pour gérer ces changements de fond, vous devrez être vigilant à fédérer les équipes autour du projet d'entreprise et à renforcer l'organisation (changement d'organisation, mise en place de systèmes robustes, intégration de nouveaux collaborateurs, partenariats...) afin d'absorber l'augmentation d'activité. C'est évidemment une étape très favorable de la vie de l'entreprise, mais attention à ce que vos collaborateurs ne se retrouvent pas « asphyxiés » par trop de travail mal organisé.

Maturité

Même en vitesse de croisière vous aurez à gérer certaines transformations pour assurer la pérennisation de l'entreprise (recentrage d'activités, externalisation de certaines fonctions, séparations, recrutements...). Souvent les entreprises qui sont à ce stade de leur évolution ont déjà des équipes solidement ancrées. Appuyez-vous sur ces équipes existantes en gardant plus une position d'animateur et de coordinateur afin de conserver la force de la structure.

Déclin/Renaissance

Pour ces entreprises en grande difficulté vous allez devoir aller vite et remodeler drastiquement l'organisation. Vous aurez intérêt à redynamiser les salariés et les autres parties prenantes démoralisées, prendre des décisions efficaces dans un temps limité, aller assez loin dans les sacrifices et les choix de personnels difficiles. La survie de l'entreprise est à ce prix. Une équipe rapprochée et énergique vous sera nécessaire. Entourez-vous dans ce cas de personnes ayant déjà vécu ce type de changement.

En pratique

Demandez-vous quel est le stade de maturité de votre entreprise.

Le modèle économique

Maitrisez le modèle économique de votre entreprise.

C'est sur la base de ce modèle en effet que vous serez à même d'anticiper les opportunités ou au contraire les dangers de votre entreprise, et que vous pourrez prendre les décisions qui s'imposent après les 100 premiers jours.

Le modèle économique d'une entreprise peut se résumer en trois axes : l'architecture de valeur, la proposition de valeur, l'équation économique.

Témoignage

Laurent Desplebin, directeur de Business Unit chez ITW

« Il est nécessaire d'analyser en détail le business model externe et l'organisation interne de votre business unit, par une méthode « front to back » qui vous permette d'appréhender dans un premier temps ce qui se passe au niveau opérationnel pour en déduire dans un deuxième temps les nécessaires évolutions du modèle et de l'organisation correspondante. Le nouveau manager aura intérêt pour cela à s'appuyer sur des outils de management qui ont fait leur preuve, comme par exemple une segmentation du marché ou une analyse des clients au filtre du 80/20. Puis à trouver des points d'appuis dans l'organisation pour fédérer les équipes autour du nécessaire changement. »

L'architecture de valeur

L'architecture de valeur est la place qu'occupe votre entreprise sur la chaîne d'élaboration des produits ou services qu'elle délivre aux clients finaux. Cet enchaînement des valeurs ajoutées des différents acteurs est bien sûr lié à la cartographie des parties prenantes (cf. analyse ci-dessus) mais rend compte aussi du poids que représente votre entreprise dans l'élaboration de ces produits et/ou services. Repérer son positionnement va vous permettre de comprendre les leviers de pouvoirs dont dispose votre entreprise.

Voici à titre d'exemple une description de la chaîne de la valeur d'une entreprise de travaux de câblage électrique dans le secteur des télécommunications (le client final étant l'opérateur de télécommunications).

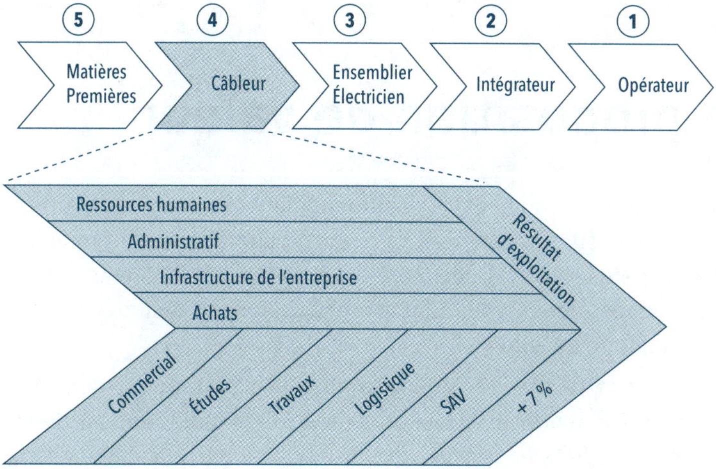

Figure 5.6 – Exemple de chaîne de la valeur

Ce schéma nous indique que cette entreprise est très en amont de la chaîne de la valeur permettant à l'opérateur de fournir des services de télécommunications à ses abonnés. Elle apporte donc vraisemblablement peu de valeur ajoutée, sur un segment de marché dès lors très concurrentiel. Or cette entreprise est assez profitable (7 % de résultat d'exploitation, sur un marché ou les concurrents sont plutôt autour de 5 %). Il va donc falloir maintenant approfondir l'étude pour comprendre la raison (plutôt positive !) de ce constat.

Exercice

Construisez la chaîne de la valeur de votre entreprise.

....

....

....

La proposition de valeur

La proposition de valeur est le positionnement stratégique de votre entreprise. Est-elle sur un marché de niche, en positionnement premium (prix et valeur perçue élevés), low cost (prix bas et faible valeur perçue), en rupture (innovation augmentant la valeur perçue et diminuant le prix) ou sur une logique de volume ?

Pour mener cette analyse (rapide là aussi, il s'agit uniquement d'appréhender les éléments clés), élaborez un schéma indiquant sur deux axes le prix des produits et services proposés d'une part, la valeur perçue par le marché (critère qualitatif) d'autre part. En traçant une diagonale entre ces deux axes, vous verrez ainsi nécessairement apparaitre un secteur pour lequel la proposition de valeur est économiquement viable (la valeur perçue par les clients est supérieure au prix proposé) et un secteur pour lequel cette proposition de valeur est non viable (le client considère le prix comme trop important par rapport à la valeur qu'il perçoit de vos produits et services).

Placez alors sur ce schéma votre entreprise ainsi que ses concurrents.

- Les entreprises se situant au milieu du schéma (dans la zone des « concurrents indifférenciés ») vont assez naturellement avoir une logique de volume : le plus gros remporte la mise, en s'appuyant sur le volume important de sa production par rapport à ses frais fixes.
- Les entreprises se situant en zone de différenciation vers le haut (forte valeur perçue et prix élevé) se positionnent en logique premium.
- Les entreprises se situant en zone de différenciation vers le bas (faible valeur perçue et prix bas) se positionnent en logique « low cost ».
- Les entreprises se situant en zone de rupture stratégique (forte valeur perçue et prix bas) sont les entreprises qui innovent par rapport à leur confrères (que ce soit des innovations techniques, organisationnelles ou commerciales) et se positionnent donc en stratégie de rupture.

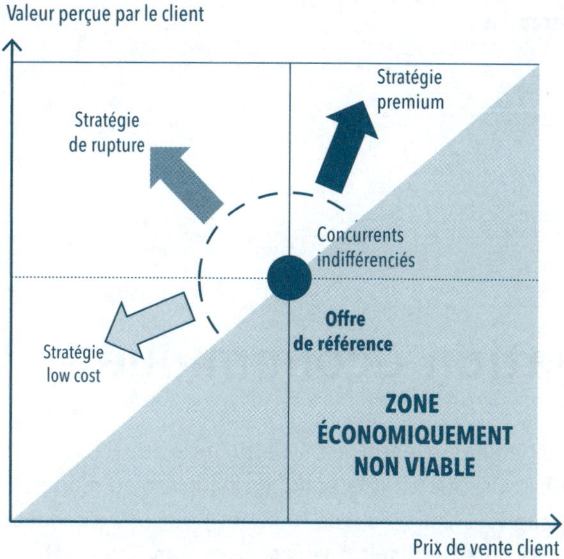

Figure 5.7 – Proposition de valeur

Ce positionnement des acteurs de votre marché est fondamental pour bien appréhender la stratégie actuelle de votre entreprise. La plupart des entreprises se situent en effet dans la zone des « concurrents indifférenciés » et devraient choisir une stratégie différenciante. Certaines entreprises enfin sont sur des « niches », c'est-à-dire avec des conditions de marché très spécifiques.

Conseil

Mettez un nom sur le positionnement actuel de votre entreprise : premium, low cost, en rupture ou indifférencié.

Cette analyse du positionnement actuel de votre entreprise vous sera utile pour décider de vos orientations stratégiques à la fin de la période des 100 jours.

C'est à vous !

- **Quel est le positionnement stratégique (indifférencié, *low cost*, premium, rupture) de votre entreprise ?**

....

....

....

....

L'équation économique

L'équation économique enfin est la structure financière de votre entreprise. Identifiez précisément la solidité financière du modèle économique de votre entreprise. Vous pouvez bien sûr pour cela consulter ses bilans annuels et comptes de résultat (sur societe.com, Infogreffe, Kompass ou tout autre base de données financière fiable) mais le plus simple sera peut-

être de demander directement les informations nécessaires à votre directeur financier, ce qui vous fera gagner du temps et vous permettra d'aller tout de suite à l'essentiel.
Voici quelques questions (parmi d'autres) que vous pourriez lui poser concernant les chiffres des 3 dernières années :

• Quelle est l'évolution du chiffre d'affaires ?
Cela vous permettra de valider le positionnement commercial de votre entreprise (cf. analyses ci-dessus)

• Quelle est l'évolution du résultat d'exploitation ?
Cela vous donnera des indications sur la compétitivité de votre entreprise en le comparant à ceux de vos principaux concurrents

En pratique

Rencontrez souvent votre directeur financier, afin d'instaurer une relation de confiance.

• Quel est le niveau de retour sur les capitaux investis de l'année en cours (ROCE = résultat/capitaux investis) ?
Cela vous indiquera si votre entreprise a besoin de beaucoup de moyens pour vivre (sociétés industrielles par exemple), ou au contraire peut se contenter de peu de capitaux (sociétés de services par exemple)

• Quel est le niveau d'endettement de l'entreprise (ratio dette/fonds propres) ?

• Cela vous donnera une bonne indication de la pression que les actionnaires peuvent mettre sur la direction générale… et donc sur l'ensemble de l'organisation.

Bien sûr ces informations ne sont pas exhaustives. Il ne s'agit pas ici d'obtenir une analyse financière détaillée de votre entreprise mais bien plus de repérer des éléments clés sur sa viabilité et sa pérennité.

C'est à vous !

- **Quelles sont les questions clés à poser au(x) responsable(s) financier(s) ?**

....

....

L'évaluation globale

En synthèse, il est utile de faire le point sur les points d'appuis et les points faibles que vous avez relevés dans votre nouvelle organisation en dressant un SWOT (*Strengths, Weaknesses, Opportunities, Threats*) qui reprenne les forces, faiblesses, opportunités et menaces de votre nouvel environnement.

	Positif	Négatif
Origine interne	***S**TRENGTHS (FORCES)*	***W**EAKNESSES (FAIBLESSES)*
Origine externe	***O**PPORTUNITIES (OPPORTUNITÉS)*	***T**HREATS (MENACES)*

Figure 5.8 – Matrice SWOT

Cette période des 100 jours est cruciale dans votre prise de fonction. Passé ce délai vous ne pourrez plus autant vous étonner, poser toutes sortes de question, rencontrer autant de parties prenantes pour leur demander leur avis. La suite est plus « classique » et votre entourage ne tolèrera pas que vous n'ayez pas une connaissance approfondie de la structure interne et de l'environnement externe.

Cette période étant charnière, il est vivement recommandé de vous faire accompagner durant ces trois premiers mois. Votre accompagnateur pourra vous rappeler les points clés de l'intégration et – surtout – vous faire prendre conscience de ce qui se joue dans le système de votre nouvelle organisation. Ça n'est ni le rôle de vos amis (qui vous connaissent dans un autre cadre), ni le rôle de votre conjoint/conjointe (pour qui votre période d'intégration sera certainement déjà source de stress). En revanche, ne restez pas seul, trouvez un mentor ou un coach qui puisse vous épauler.

En pratique

Évaluez le positionnement global de votre entreprise sur son marché grâce à la matrice SWOT.

À retenir

- Analysez de façon approfondie le positionnement et le modèle économique de votre entreprise. Pour cela rencontrez les personnes clés, faites les parler et évaluez les informations ainsi recueillies en vous appuyant sur des outils précis.
- Soyez le plus objectif possible dans votre évaluation de l'environnement.

Témoignage

Jean-Michel Estrade, Senior Vice President Human Resource chez Atos

« Un manager doit garder sa liberté par rapport aux processus existants. Dans certaines circonstances il doit s'avoir s'en abstraire tout en en respectant l'esprit…

L'objectif que sert le processus devant primer sur le respect de la forme, le manager doit agir dans l'intérêt de l'objectif poursuivi, sans négliger la cohérence globale et les interactions avec les autres composantes de l'organisation. Une autre façon d'inciter les managers à respecter l'esprit des processus, plutôt que la lettre dans leur comportement quotidien pour atteindre les résultats. »

Vous avez maintenant passé le cap des 100 premiers jours. Vous êtes au clair sur la structure économique de votre entreprise, vos partenaires externes et internes, les processus de décision, les relations entre collègues, vos alliés, vos adversaires potentiels. Vous avez rempli fidèlement votre job tout en respectant les habitudes de travail.

Et maintenant ?

Il est temps de montrer tout ce dont vous êtes capable en donnant la pleine mesure de votre potentiel, tout en conservant cette relation privilégiée que vous avez initiée avec votre N+1. Pour cela agissez avec méthode : définissez votre vision et votre stratégie, mettez en place l'organisation nécessaire à la réalisation de vos objectifs, puis assurez-vous des bonnes pratiques de management opérationnel. Tout en restant en ligne avec les objectifs et priorités de vos responsables hiérarchiques.

Une fois la direction clairement établie et l'organisation mise en place, vous pourrez confirmer une équipe solide et efficace en lui donnant du sens et en la responsabilisant.

Vous pourrez ainsi réaliser les défis pour lesquels vous avez été recruté.

3

DÉPLOYER TOUTE SA VALEUR AJOUTÉE

O R G A N I S A T
N
O
I
Maraï

6 Améliorer l'organisation

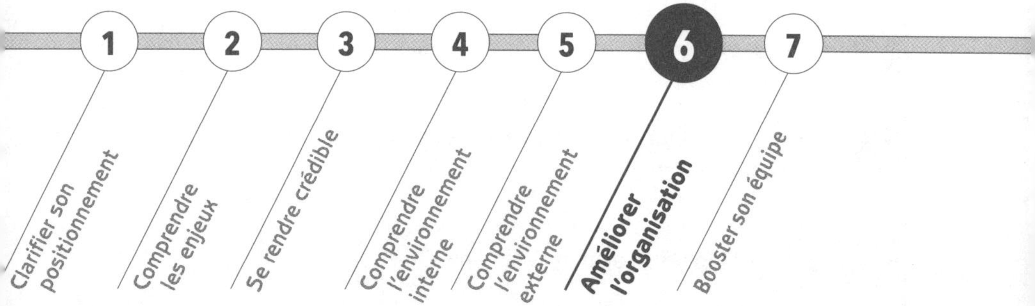

POINTS CLÉS

→ **Quelle est votre vision pour votre business unit ?**

→ **Quelle est la bonne stratégie pour la réaliser ?**

→ **Comment vous organiser en conséquence ?**

OBJECTIF Structurer le développement de votre activité.

CONSEIL DU COACH Soyez très clair sur la direction que vous voulez donner à vos équipes puis organisez-vous en conséquence.

QUIZ

	Oui	Non
1 Avez-vous une vision à long terme de votre activité ?		
2 Connaissez-vous les principales étapes pour y parvenir ?		
3 Avez-vous déterminé les changements à apporter à l'organisation actuelle ?		
4 Avez-vous préparé un plan de communication ?		
5 Savez-vous qui sont vos alliés et vos opposants ?		
6 Connaissez-vous les principales étapes du changement ?		
7 Savez-vous comment mettre en œuvre avec succès un changement d'organisation ?		

Brief du coach

- Si vous avez répondu « oui » à une majorité de questions, parcourez rapidement les jalons décrits dans ce chapitre pour être sûr de ne rien oublier.
- Si vous avez répondu « non » à une majorité de questions, prenez le temps de lire en détail les lignes qui suivent.

Le comportement

Comment saurez-vous que vous avez réussi vos 100 premiers jours, que vous pouvez maintenant donner toute la mesure de votre potentiel ? À de multiples signaux faibles. Lorsque vous sentirez que votre entourage vous aura accepté, que vos interlocuteurs auront pris l'habitude de vous solliciter régulièrement.

À ce stade de votre intégration, à la fin des 100 jours, ne dites plus jamais « dans ma boite précédente... », ou encore « avant on avait l'habitude de... », etc. Ne faites plus référence au passé, vous vous êtes fait accepter par votre environnement, parlez maintenant au présent.

Nous vous recommandons aussi de rester complètement centré sur vos nouvelles fonctions pendant au moins les 18 premiers mois de votre arrivée. Ce point est fondamental pour rester motivé et ne pas vous éparpiller. Vous êtes arrivé dans de nouvelles fonctions, réussissez et prouvez ce dont vous êtes capable. Vous vous projetterez dans la suite plus tard.

Si vous en avez l'occasion faites un point avec votre N+1 après 12 mois – afin de redéfinir clairement avec lui les priorités – puis reconcentrez-vous sur votre job.

Conseil

Privilégiez encore et toujours la relation avec votre N+1.

Vous aurez ainsi les bases du comportement nécessaire pour assoir votre intégration et lancer les actions de fond qui seront nécessaires pour réussir votre mission.

Enfin, montrez qui vous êtes. Si l'on vous a recruté, c'est que vous avez les capacités de réussir vos objectifs. Vous pouvez donc avoir confiance en vous. Soyez vous-même et montrez-le.

Témoignage

Anne Esling, Vice President Global Talent Acquisition, Learning & Development chez Carlson Wagonlit Travel

« Un manager doit toujours agir en fonction de qui il est, de sa personnalité et de ses valeurs. On ne peut prendre une décision, en particulier difficile, qu'une fois que l'on est convaincu que c'est la bonne. Il faut rester aligné avec soi-même. »

La vision

Ça y est, vous avez décidé de mettre votre marque dans cette entreprise et d'impulser le changement. Mais avant de changer quoi que ce soit, il faut que vous sachiez ou vous allez. Pour cela nous vous recommandons de clarifier:

- Où en est votre business unit aujourd'hui (point A) ?
- Où voulez-vous l'emmener à moyen et long terme (point B) ?

Cette vision doit bien sûr s'inscrire dans le plan plus global que vous ont passé vos commanditaires : actionnaires pour un dirigeant d'entreprise, direction générale pour un chef de service. Mais elle doit aussi donner le cap de votre propre activité, à la fois pour orienter vos actions et pour donner du sens aux personnes avec qui vous allez travailler.

En pratique

La vision doit être très simple et compréhensible par tous.

Pour définir cette vision, vous pouvez soit réfléchir par vous-même à l'orientation générale que vous voulez donner à votre business unit, soit demander l'avis de l'ensemble de vos collaborateurs. La première option a plusieurs avantages : elle simple, rapide à mettre en place et ne vous remet pas en cause. La deuxième est plus longue, plus compliquée (il faut recueillir l'avis de beaucoup de monde) et risque de remettre en cause ce que vous pensiez initialement. Mais elle a le mérite d'impliquer tous les acteurs du changement nécessaire à la réussite de votre projet.

Quelle que soit l'option que vous choisissiez (*top-down* ou *bottom-up*), il est fondamental que cette vision à long terme, une fois élaborée, soit non seulement comprise par tous mais devienne un moteur d'action pour chacun. En effet on ne motive pas les gens par la perspective d'une augmentation du chiffre d'affaires ou du résultat de leur entreprise. C'est en donnant du sens à leur action que vous obtiendrez l'adhésion de vos collaborateurs, comme nous le détaillerons plus loin. Et c'est en les écoutant qu'ils se sentiront respectés.

Ainsi, que ce soit par vous-même ou en le partageant avec vos équipes, clarifiez au préalable ce que vous souhaitez à long terme pour votre entreprise.

Exercice

1. Comment voyez-vous votre entreprise à 5 ans ?

....

2. Comment voyez-vous votre entreprise à 1 an ?

....

3. Quels sont les principaux enjeux externes et internes ?

....

....

4. Quelles sont vos préconisations ?

....

....

5. Quelle sera votre contribution ?

....

....

Si vous décidez de faire participer l'ensemble de votre équipe à l'élaboration de cette vision, vous pouvez par exemple mettre en place le processus suivant :

- Demander au préalable que chacun réfléchisse à chacune des questions proposées dans l'exercice ci-dessus.
- Laisser chacun s'exprimer à tour de rôle, sans émettre de jugement, en n'autorisant que des questions de clarification (« Je n'ai pas compris... »), sans aucun jugement ni préconisation (« Pourquoi ne pas avoir fait... »).
- Regrouper les idées par thèmes, en demandant l'avis de chacun.
- Hiérarchiser les idées en demandant à chacun de ne retenir que trois ou quatre idées.
- Échanger librement sur la façon dont pourrait être formulée la vision de votre entreprise (en reprenant les idées clés énoncées et en les mettant en forme).

Cette méthode est évidemment indicative et doit être adapté à la taille de votre entreprise/business unit, à sa culture ainsi qu'à votre expérience dans l'animation de ce type de partage. Si vous ne vous sentez pas assez expérimenté pour faire émerger vous-même cette vision de votre entreprise – qui est la pierre angulaire de tout le reste – nous vous recommandons de vous faire accompagner.

Témoignage

Bernard Planchais, ex-directeur général délégué de DCNS

« Un dirigeant se doit d'avoir une vision qui puisse tenir sur une page, décrivant comment il voit l'activité dans les 5 à 10 ans qui viennent. Il doit donner du sens à ses équipes en les projetant dans l'avenir pour leur permettre de se mobiliser sur le présent. »

Une fois la vision énoncée et partagée, définissez la mission de votre entreprise. Qu'entendons-nous par là ? Il s'agit du rôle unique qu'elle aura dans le cadre de la vision que venez d'élaborer. Si vous êtes à la tête d'un centre de profit, votre mission sera de développer votre business unit sur son marché, afin de réaliser à terme sa vision. Si vous êtes à la tête d'un département spécifique (finance, RH, opérationnel) au sein d'une entreprise, la mission de votre département sera là aussi le rôle qu'elle pourra tenir pour élaborer la vision, mais en restant ici dans le cadre de la direction choisie par l'entreprise.

La mission de votre unité opérationnelle devra *in fine* se résumer à une phrase, une *baseline* définissant l'axe général de votre action. Il est particulièrement important que cette *baseline* soit partagée par tous vos collaborateurs. C'est l'ADN de votre équipe.

Vous pouvez maintenant identifier le socle commun à l'ensemble de votre business unit. Il s'agit ici des valeurs, des convictions inébranlables, communes à toute votre équipe. Il ne s'agit pas ici de définir de grandes idées creuses du type « efficacité », « partage », « respect », mais bien de préciser pour chacune d'elle en quoi elle consiste concrètement, en délimitant son domaine et en citant des exemples parlants pour bien marquer les esprits. Vous pourrez alors retenir les valeurs qui sont communes à tous (le dénominateur commun) et laisser les autres idées à l'appréciation de chacun.

Une fois la vision, la mission et les valeurs de votre business unit définies et partagées, nous vous recommandons de récapituler les conclusions et de les diffuser auprès de l'ensemble de vos collaborateurs.

Nous tenons à insister sur le fait que l'identification de cette vision, de cette mission et de ses valeurs dépend évidemment beaucoup de votre niveau de décision dans la hiérarchie de votre entreprise. Si vous êtes dirigeant, cette partie vous concerne au premier chef : il vous sera fondamental en effet de fédérer vos collaborateurs autour d'un axe clair et partagé. En revanche si vous managez une partie de l'entreprise, ou même un service fonctionnel ou opérationnel, il va de soi que ce travail de mise en perspective devra s'inclure dans la vision, la mission et les valeurs telles que votre entreprise aura pu les définir au préalable.

La stratégie externe

La direction générale étant donnée, vous pouvez maintenant définir le chemin le plus efficace pour aller du point A au point B que vous avez identifiés. Et ceci à deux niveaux : en agissant sur l'environnement externe et sur l'environnement interne de votre entreprise.

Pour vous aider à prendre des décisions concernant les actions à mener vis-à-vis de l'extérieur de votre entreprise, vous pouvez vous appuyer sur la matrice du Boston Consulting Group (BCG) séparant croissance et parts de marchés de votre entreprise afin de vous donner des idées sur les activités que vous aurez intérêt à développer et celles dont vous aurez intérêt à vous séparer.

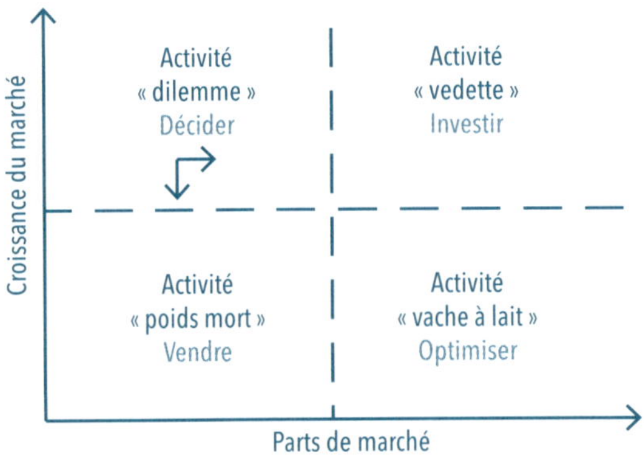

Figure 6.1 – Matrice stratégique externe

En plaçant les différentes activités de votre entreprise en fonction de leurs parts de marché effectives et du taux de croissance du marché, vous pouvez en effet schématiquement repérer 4 grands types d'activités.

- Les activités « vache à lait » : ce sont les produits/services qui sont connus du public mais qui n'ont pas de forte croissance. Il est recommandé d'optimiser ces activités, en réduisant les coûts et en rendant l'organisation plus efficace.
- Les activités « vedette » : ce sont les produits/services qui ont un positionnement reconnu sur le marché et qui sont amenés à se développer fortement. Il est fortement recommandé d'investir sur ces activités, que ce soit par croissance interne (allocation de ressources) ou externe (achat d'entreprises).
- Les activités « dilemme » : ce sont les produits/services qui ne sont pas très présents sur le marché, qui pourtant a une croissance élevée. Là il

faut se décider après avoir bien analysé le positionnement de chaque ligne de produits/services : soit vous investissez sur ces activités, avec la même stratégie que pour les activités « vedette », soit au contraire vous vous en séparez (fermeture, vente).

• Les activités « poids mort » : ce sont les produits/services qui ne sont ni connus ni en croissance. Nous vous invitons à vous en séparer, en vendant si possible ces activités à l'extérieur.

Cette matrice peut vous servir d'aide à la décision. En revanche vous resterez le seul décisionnaire *in fine*, en fonction de votre connaissance particulière du marché, et de votre intuition.

Exercice

1. Positionnez les activités externes de votre entreprise en fonction des parts de marché et de la croissance du marché sur laquelle elles agissent.

....

....

....

....

2. Évaluez les décisions à prendre pour chacune d'elles.

....

....

....

....

3. Parlez-en à votre N+1.

La stratégie interne

Revenons maintenant à votre organisation interne. Pour vous aider à décider des actions à mener vis-à-vis des différents services de votre entreprise, vous pouvez utiliser la matrice ci-dessous, séparant le niveau de maîtrise en interne d'une activité de son impact sur les clients.

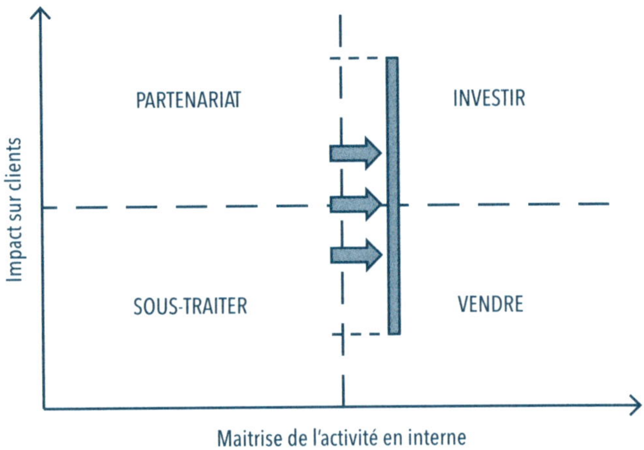

Figure 6.2 – Matrice stratégique interne

Commencez par repérer les principaux services de votre entreprise : ressources humaines (recrutement, gestion de carrière, gestion prévisionnelle des emplois et compétences, formation), commercial (marketing stratégique, marketing opérationnel, *business development*, vente, gestion de comptes clés, administration des ventes), opérationnel (bureau d'étude, bureau efficacité-méthode, industrialisation, production, maintenance, service après-vente), général (stratégie, services généraux, informatique).

Cette liste, qui n'est pas exhaustive, doit bien sûr être complétée et adaptée à votre secteur d'activité.

Une fois répertoriées les différentes activités, positionnez-les sur la matrice en fonction de la maitrise que vous en avez en interne (êtes-vous efficace dans la réalisation de ces services ?) et de l'impact qu'elles peuvent avoir sur vos clients (qu'est-ce qui se passerait si vous n'aviez pas cette activité ?).

Par exemple un service support informatique n'ayant pas d'impact majeur sur vos clients peut, selon les cas, être parfaitement maitrisé en interne ou au contraire nécessiter un renforcement.

En fonction du positionnement sur ces deux axes de chacune de vos activités internes, vous pouvez repérer quatre grands types d'activité.

- Les activités que vous maitrisez bien et qui n'ont pas d'impact sur vos clients : ces activités ont de la valeur, vous aurez donc vraisemblablement la possibilité de réaliser une vente profitable après avoir bien délimité et séparé leur périmètre du reste des activités de l'entreprise.
- Les activités que vos maitrisez bien et qui ont un fort impact sur vos clients : vous aurez certainement intérêt à investir sur celles-ci, elles sont le cœur de votre business.
- Les activités que vous maitrisez moins en interne mais qui ont un fort impact pour vos clients : après avoir essayé de renforcer ces activités, vous pourrez éventuellement réfléchir à un partenariat (co-traitance) avec une entreprise externe.
- Les activités que vous maitrisez peu en interne et qui n'ont pas d'impact significatif pour vos clients : vous aurez peut-être intérêt à les sous-traiter à des experts du métier.

Conseil

Dans tous les cas, vous aurez intérêt à consolider et renforcer la maitrise que vous avez des activités internes de votre entreprise, que ce soit pour investir sur elles ou au contraire pour vous en séparer.

Bien sûr, il ne s'agit là encore que d'un simple outil d'aide à la décision, qui ne doit pas prendre le pas sur votre libre arbitre. Appuyez-vous sur votre analyse, mais aussi et surtout sur votre propre expérience et intuition pour prendre la bonne décision.

Exercice

1. Positionnez les activités internes de votre entreprise en fonction de la maitrise que vous en avez et de l'impact qu'elles ont sur vos clients.

....

....

....

....

2. Évaluez les décisions à prendre pour chacune d'elles.

....

....

....

....

3. Parlez-en à votre N+1.

....

....

....

Quelques chiffres

La stratégie étant le chemin choisi pour aller du point A au point B préalablement fixé, il est important de garder en mémoire quelques grands ratios concernant le développement de votre business. Nous empruntons ci-dessous au livre *Customer Genius* de Peter Fisk quelques chiffres qui se retrouvent dans beaucoup d'affaires. Ces statistiques doivent être considérées avec précaution, elles peuvent varier considérablement selon votre marché et la taille de votre entreprise.

- 20 % de vos clients font 80 % de votre chiffre d'affaires.
- 10 % de vos clients font 90 % de vos profits.
- Un client très satisfait en parle à trois personnes.
- Un client mécontent en parle à 12.
- Un client très mécontent en parle à 20.
- 98 % des clients mécontents ne se plaignent jamais, ils se contentent de vous quitter.
- Les expériences négatives pèsent pour 65 % des clients perdus.
- 75 % des expériences négatives n'ont pas de rapport avec le produit.
- La raison principale pour laquelle les clients vous quittent est le fait qu'ils ne sont pas considérés.
- Recruter un client coûte trois fois plus cher que de le fidéliser.
- Reconquérir un client mécontent coûte 12 fois plus cher.
- Sur une période de 5 ans, une société arrive à conserver en moyenne 20 % de ses clients.
- 5 % d'augmentation de la fidélité augmente vos profits de 25 à 55 %.

Ces chiffres sont proposés uniquement pour vous faire réfléchir sur votre propre problématique d'entreprise. Ils doivent être adaptés à votre contexte.

L'organisation cible

Une fois la mise en perspective sur long terme effectuée (vision, mission, valeurs) et la stratégie (A vers B) clarifiée, vous pouvez maintenant vous demander quels sont les moyens à mettre en place ou à modifier pour réaliser ces objectifs, notamment en termes d'organisation.

Pour cela étudiez de façon approfondie l'organisation actuelle afin de définir les modifications d'organisation qui vous permettront d'atteindre le mieux vos objectifs.

Là encore il existe deux possibilités : soit vous définissez l'organisation « par le haut », seul ou avec le concours d'une garde rapprochée. Soit vous la définissez « par le bas », en faisant participer vos collaborateurs (pas seulement votre équipe directe mais par l'ensemble des collaborateurs de votre unité opérationnelle). La première solution est plus rapide, la deuxième plus profonde. Dans les deux cas, vous devrez emmener avec vous vos collaborateurs, créer une dynamique, les « engager » dans votre action sur le long terme.

À titre d'information, une étude Gallup réalisée en 2011 et reprise dans le livre *Liberté & Cie* d'Isaac Getz, indique que l'on peut répertorier les salariés en trois catégories, fonction de leur engagement envers leur entreprise.

- Les salariés engagés (11 % des salariés) : motivés, prescripteurs des produits et des stratégies de leur entreprise, ils créent de la valeur.
- Les salariés non-engagés (61 %) : ces collaborateurs effectuent leur tâche avec une relative neutralité, « ils viennent pour repartir ».
- Les salariés activement désengagés (28 %) : ils ont une vision négative de leur entreprise et vont jusqu'à lutter contre les intérêts de cette dernière.

Comme le souligne Isaac Getz, une raison fondamentale du désengagement de ces 89 % de salariés est que l'entreprise ne les écoute pas et prend des décisions sans les faire participer. Il faut donc les impliquer dans les décisions stratégiques et organisationnelles.

Néanmoins certains pourraient objecter que les salariés n'ont pas tous les compétences nécessaires pour définir une nouvelle organisation, que cette tâche devrait plutôt revenir à la direction générale, qui devrait *a priori* avoir les compétences requises. Certes, mais tous les salariés savent aussi gérer un périmètre de travail, associé à un budget et à des délais définis. Chacun d'eux sait en effet gérer sa propre vie personnelle, dans toute sa complexité et ses contraintes particulières. Il est donc tout à fait envisageable de responsabiliser les salariés dans la construction d'une nouvelle organisation, en restant bien sûr vigilant à ce que chacun puisse apporter sa valeur ajoutée au bon niveau, de la façon la plus efficace possible.

Comment, dès lors, faire participer ses collaborateurs à l'élaboration de cette nouvelle organisation ?

Vineet Nayar, dans son livre *Employees first, Customer second*, décrit comment il a radicalement changé l'organisation de son entreprise (HCL Technologies, une entreprise de service numérique indienne de plus de 100 000 salariés) en impliquant chacun des acteurs principaux dans son élaboration.

Plusieurs conditions lui ont été nécessaires pour réussir ce défi :

- La franchise : communiquer aux collaborateurs la situation telle qu'elle est réellement (il s'agit pour une prise de fonction de l'étude de l'environnement décrite en seconde partie).
- La transparence : communiquer aux collaborateurs tous les enjeux et les résultats de l'entreprise/business unit, et répondre à toutes leurs questions. C'est la clé de la confiance entre les collaborateurs et leur management.
- Le renforcement des équipes opérationnelles au contact des clients (commerciaux, techniciens, logisticiens, etc.), qui est la zone de création de valeur de l'entreprise.
- Le soutien de tout le management à ces équipes opérationnelles.
- La redéfinition du rôle du DG garantissant continuellement la responsabilisation des managers au niveau de la zone de création de valeur.

Alors si une entreprise d'une telle taille a réussi « embarquer » ses salariés dans la construction d'une nouvelle organisation destinée à réaliser sa vision, pourquoi pas vous ?

Conseil

Impliquez le plus possible vos collaborateurs dans l'élaboration des changements d'organisation.

Concrètement vous pouvez impliquer vos collaborateurs dans la définition de la nouvelle organisation en respectant plusieurs jalons nécessaires :

- Présenter les objectifs, la stratégie retenue et les raisons de cette stratégie.
- Demander à vos collaborateurs, répartis en plusieurs groupes de travail, de vous proposer des pistes d'organisation ; il s'agit ici de pistes uniquement, pas de l'organisation elle-même ; chaque collaborateur peut dès lors, quelles que soient ses responsabilités, donner des pistes (très opérationnelles ou au contraire managériales).
- Prioriser les pistes d'organisation et les rassembler en grands thèmes, identifier le fil rouge de l'organisation cible.
- Définir avec votre équipe directe (N-1) la nouvelle organisation, sur la base des pistes émises.
- Approfondir cette organisation en identifiant quelques caractéristiques clés :
  - Détail de l'organisation de chacun des services concernés ;
  - Principaux processus de décision à mettre en place (transverse, *bottom-up*...) ;
  - Étapes clés de la mise en place de la nouvelle organisation (par secteurs, d'un seul coup, par phases...) ;
  - Ressources nécessaires (internes, externes) pour réaliser ce changement ;
  - Indicateurs de réussite de la mise en œuvre de l'organisation ;
  - Analyse de risque et plan d'action associé.

En pratique

- Définissez la méthode avec laquelle vous allez construire votre organisation cible (*top-down* ou *bottom-up*).
- Partagez-la avec vos collaborateurs clés.
- Obtenez l'accord votre N+1.

Une fois la nouvelle organisation définie, soumettez-la à votre N+1 avant de communiquer en interne. Un changement d'organisation est en effet une action majeure qui doit être validée au plus haut niveau de la hiérarchie pour être crédible et suivie. Pour présenter cette organisation soyez le plus factuel possible et – surtout – faites très attention aux remarques de votre N+1 sur votre projet. Reformulez ses commentaires, posez des questions de clarifications et, enfin, validez la nouvelle organisation par écrit auprès de lui. Ce cadrage vous sera très utile pour assoir votre légitimité auprès de vos équipes lors des difficultés que vous ne manquerez pas de rencontrer dans le déploiement de votre nouvelle organisation.

La communication du changement

Maintenant que vous avez le soutien de votre hiérarchie pour effectuer les changements d'organisation nécessaires, vous pouvez communiquer en interne sur ce projet de changement. Mais n'oubliez pas un paramètre essentiel : cette nouvelle organisation, pour qu'elle soit efficiente, doit être acceptée et voulue par la grande majorité de vos collaborateurs. Un processus de définition participative de l'organisation comme celui mentionné ci-dessus aidera bien sûr à cette appropriation de la nouvelle organisation par vos collaborateurs mais ne sera vraisemblablement pas suffisant. Deux conditions sont en effet nécessaires pour cette appropriation :

• Que l'organisation soit justifiée, c'est-à-dire que chacun comprenne bien pourquoi vous avez retenu telle piste et pourquoi pas telle autre. Expliquez précisément pourquoi vous avez retenu telle piste d'organisation et pourquoi vous n'avez pas retenu telle autre.

• Que cette organisation puisse encore être adaptée en fonction des retours de vos collaborateurs. Ce dernier point est fondamental puisqu'il va vous permettre de finaliser l'appropriation de la nouvelle organisation par vos collaborateurs. Nous vous recommandons donc d'écouter les remarques de vos collaborateurs et – dans la mesure où cela ne remet pas en cause votre stratégie – modifier cette première proposition d'organisation pour prendre en compte les demandes. L'appropriation du changement n'en sera que plus facile.

En pratique

Ayez une communication simple et claire. Répondez à toutes les questions.

Sur le fond reprécisez les contours de la nouvelle organisation :

- Rappel de la vision de votre entreprise/business unit, sa raison d'être.
- Rappel des objectifs opérationnels à atteindre (point A - › point B).
- Synthèse des grands thèmes rassemblant les différentes pistes d'organisation.
- Présentation de la nouvelle organisation, sur la base des pistes proposées.
- Présentation du planning prévisionnel de déploiement.
- Questions/Réponses.

Sur la forme appuyez-vous sur les outils classiques de la communication :

- Présentation orale globale, à tout le personnel (réunion plénière ou visioconférence).
- Présentation particulière, adaptée à chaque groupe de collaborateurs clés.
- Plaquettes, dépliants, journal interne, video.
- Mailings.
- Sites internet et intranet.
- Réseaux sociaux…

En pratique

- Préparez un large plan de communication sur votre projet d'organisation.
- Anticipez les questions que vous pourriez avoir.

Communiquez vous-même personnellement sur cette nouvelle organisation, que ce soit en tête-à-tête, en équipe ou plus largement. Vos collaborateurs doivent se rendre compte que vous êtes le chef mais, surtout, que vous vous engagez personnellement dans cette transformation. Soyez toujours simple et direct dans votre communication. Vos collaborateurs suivront un manager qui croit à son organisation et l'explique clairement.

La courbe du changement

Le changement est aussi et surtout humain. Changer une organisation va donc avoir des impacts non seulement pratiques (habitudes, efficience) mais aussi relationnels et émotionnels. En reprenant les travaux d'Élisabeth Kübler-Ross sur le processus de deuil et en les complétant, nous voyons que chaque être humain passe (à des niveaux d'intensité bien sûr différents en fonction des changements survenus et des personnalités considérées) par différents états émotionnels en fonction des étapes du changement.

Nous pouvons résumer de façon synthétique ces différentes étapes de changement par la courbe ci-dessous :

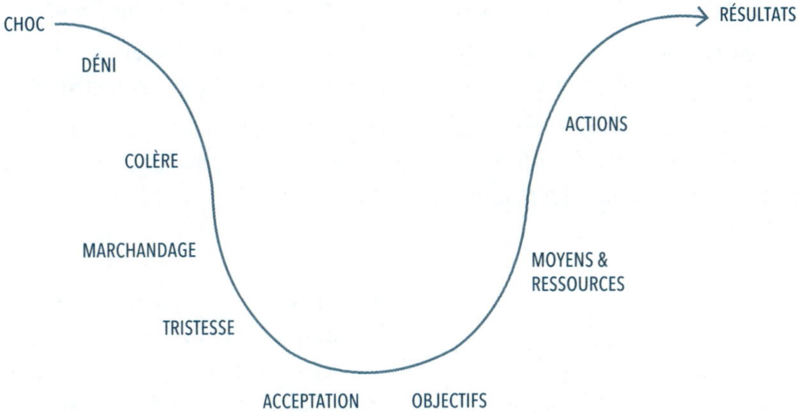

Figure 6.3 – Courbe du changement

En ramenant ces différentes étapes du changement à l'annonce que vous allez faire à votre équipe de la mise en place d'une nouvelle organisation – qui va nécessairement changer les périmètres et responsabilités de certaines fonctions – vous pouvez anticiper que beaucoup de vos collaborateurs vont passer par les phases suivantes :

• Le déni : ils ne croiront pas que cela a été décidé, ils refuseront d'entendre que les choses vont changer et continueront leur travail comme si de rien n'était.

• La colère : une fois réalisé que le changement va se produire, une profonde colère risque de survenir ; ils voudront vraisemblablement répliquer, refuser, exprimer leur mécontentement.

• Le marchandage : puis risque de survenir une phase dite de « marchandage » – qui est une expression de la peur – où certains collaborateurs voudront tout faire pour obtenir le maximum, comme si cela pouvait être un dédommagement du préjudice à venir.

• La tristesse : il est probable qu'un profond sentiment de tristesse envahisse alors certains d'entre eux constatant que le changement est inéluctable.

• L'acceptation : enfin, une fois tous ces états émotionnels ressentis, adviendra la phase d'acceptation, qui ouvrira la porte à une possible reconstruction.

Ces différentes phases ne se déroulent pas toujours dans l'ordre indiqué ci-dessus et peuvent parfois se répéter plusieurs fois avant d'arriver à la phase d'acceptation. En revanche, il est important de savoir que ces états émotionnels peuvent affecter vos collaborateurs, et vous-même aussi d'ailleurs. Face à ces émotions, l'essentiel est de les reconnaitre et de les vivre. Une émotion est neutre au niveau des valeurs, c'est un ressenti exprimé, pas un jugement. C'est pourquoi il est souvent utile de faire accompagner son équipe lors d'un changement important.

Conseil

Laissez le temps à vos collaborateurs de vivre toutes les étapes du changement. Ils ne seront que plus engagés par la suite.

Enfin, une fois le changement d'organisation accepté, vous pourrez mettre en pratique les évolutions souhaitées :

• Définir les objectifs (cf. exercices précédents) ;

• Impliquer des personnes et des moyens (positionnement des acteurs et plan d'action) ;

- Mettre en œuvre le plan de transformation (avec un accompagnement spécifique) ;
- Vérifier les résultats (boucle de rétroaction).

Le positionnement des acteurs

Conseil

Vérifiez que l'organisation cible est bien acceptée par un maximum de collaborateurs. Si nécessaire, modifiez cette organisation à la périphérie afin d'embarquer le plus grand nombre de personnes.

L'organisation cible étant définie, vous pouvez maintenant déployer le projet dans votre business unit. Ce déploiement va certes s'appuyer sur des personnes motivées mais va aussi rencontrer de nombreux freins chez certains d'acteurs. C'est ce qu'il va falloir anticiper maintenant.

En nous appuyant sur la sociodynamique de Jean-Christian Fauvet, nous vous proposons ainsi de cartographier les acteurs intervenants dans votre changement d'organisation : qui sont les constructifs, les engagés, les hésitants, les passifs, les déchirés, les opposants, les râleurs, les irréductibles. Vous pouvez utiliser pour cela la cartographie de la stratégie des alliés (cf. schéma ci-dessous), qui sépare les dimensions de synergie et d'antagonisme par rapport à votre projet d'organisation.

De quoi s'agit-il exactement ?

Dans le cas d'un projet simple, avec un seul paramètre de modification, un acteur peut n'être que pour le projet (synergique) ou contre celui-ci (antagoniste).

En revanche, dans le cas de projets complexes – c'est-à-dire avec un grand nombre de paramètres différents, ce qui est le cas dans un changement d'organisation – les acteurs peuvent souvent être en même temps favorables à certains paramètres et défavorables à d'autres. Globalement chaque acteur pourra donc être en même temps synergique (pour certains changements) et antagoniste (contre d'autres changements) par rapport au projet dans son ensemble. En suivant ce constat, nous pouvons placer chacun des acteurs concernés par le changement sur deux axes orthogonaux : l'un synergique, l'autre antagoniste.

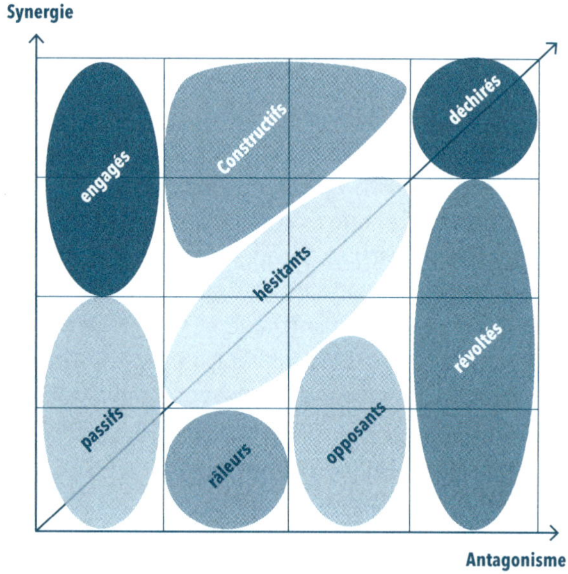

Figure 6.4 – Stratégie des alliés

Rentrons maintenant dans la description des différents acteurs concernés par notre changement d'organisation. Nous pouvons distinguer plusieurs catégories.

- Les constructifs : ce sont les acteurs à privilégier et sur qui vous pouvez vous appuyer; leur synergie fait avancer le projet, tout en gardant une dose d'antagonisme critique nécessaire à tout projet de changement pérenne. Il vous faut le plus possible placer de tels acteurs à des postes clés de la nouvelle organisation et garder ce groupe très soudé. Ce sont eux qui assureront la réussite de votre projet.

• Les engagés : ils adhèrent totalement au projet, sans aucune critique ; ils sont donc intéressants pour vous mais attention à ne pas trop les mettre au contact de personnes hésitantes, qu'ils risqueraient de heurter.

• Les hésitants : ils soutiendront ou non le projet en fonction des circonstances ; vous devrez donc vous appuyer sur les acteurs constructifs pour les motiver.

• Les passifs ont tendance à ne rien faire, votre enjeu sera de trouver leur levier de motivation

• Les déchirés : étant parfois d'accord et parfois en opposition, ne leur accordez pas trop d'importance, bien que ce cela soit difficile en regard de la place qu'ils prennent de par leur comportement.

• Les râleurs, les opposants et les révoltés, à des degrés divers – depuis des paroles négatives jusqu'au sabotage ouvert du projet – vous mettront des bâtons dans les roues ; ne focalisez pas votre énergie sur eux, essayez le plus possible de les rendre inoffensifs.

Il va donc être primordial de bien identifier les acteurs « constructifs » du changement d'organisation et de les mettre aux postes clés de votre processus de transformation. C'est ce que nous aborderons plus loin sur la constitution et le management de votre équipe.

Attention aussi de bien comprendre que la cartographie ci-dessus n'est ni un jugement des personnes (il s'agit en effet uniquement d'un positionnement par rapport à un changement professionnel) ni un jugement définitif sur la volonté de changement ou non des acteurs considérés (en effet une telle cartographie ne peut être établie que pour un projet donné, la position des acteurs changeant bien sûr en fonction de l'objectif demandé).

À savoir

La stratégie des alliés est un processus itératif, qui demande constamment à être affiné en fonction des acteurs en présence et de leurs intérêts.

En pratique

• Placez les principaux acteurs impactés par le changement d'organisation sur la matrice synergie/antagonisme de la stratégie des alliés.

• Étudiez les actions à mener auprès de chacune des catégories identifiées.

• Parlez-en à votre N+1.

Cette cartographie sera d'autant plus efficace que vous aurez considéré l'ensemble des acteurs du corps social impactés par ce changement d'organisation. Nous vous recommandons donc de placer tous les acteurs qui agissent en tant que relais d'opinions dans votre entreprise/business unit dans cette grille d'analyse. En ayant notamment un focus particulier sur les instances représentatives du personnel (IRP), qui jouerons certainement un rôle majeur dans la réussite ou l'échec de la transformation que vous souhaitez mettre en œuvre.

La mise en œuvre

Vous avez communiqué sur un planning de déploiement de votre nouvelle organisation (cf. ci-dessus), il faut maintenant vous y tenir. Pour cela communiquez régulièrement, non pas tant sur tous les détails de ce déploiement, mais sur quelques jalons clés de votre transformation. L'idée ici est en effet avant tout rassurer vos collaborateurs en leur montrant que le déploiement de la nouvelle organisation est contrôlé et que les étapes principales, clairement identifiées, sont franchies.

Soyez donc le plus synthétique possible dans votre communication au fur et à mesure du déploiement de la nouvelle organisation, tout en détaillant en parallèle pour chaque groupe de collaborateurs considérés les actions spécifiques qui doivent être mises en œuvre au niveau de leur rôles.

Comme nous l'avons vu, un changement d'organisation va avoir des impacts non seulement au niveau professionnel (changement de périmètre et de responsabilités) mais aussi au niveau personnel (différents états émotionnels).

Ces deux types d'impacts peuvent nécessiter trois réponses complémentaires :

- Un programme de formation pour la mise à niveau des évolutions professionnelles demandées, tant au niveau des savoirs que des savoir-faire.
- Un programme de coaching individuel pour les collaborateurs qui ont le plus de mal à passer le cap des différentes étapes du changement, notamment au niveau du savoir-être.

- Un programme de co-développement managérial, pour favoriser les échanges et l'entraide entre vos collaborateurs et faciliter ainsi l'acceptation du projet de transformation par l'ensemble du corps social.

Anticipez bien les impacts que pourrait avoir votre changement d'organisation afin de prévoir les éventuels accompagnements correspondants.

Avant d'implémenter le changement d'organisation, réalisez méthodiquement une analyse des risques en prenant en compte leur description, leur évaluation et la probabilité de leur impact. Vous pouvez pour cela vous appuyer sur la méthode d'analyse de risque évoquée ci-dessus.

Un point essentiel dans toute conduite du changement est la mesure des résultats escomptés. Pour cela clarifiez précisément les indicateurs des résultats escomptés, tant d'un point de vue qualitatif que quantitatif.

Ces indicateurs doivent au moins couvrir les quatre thèmes ci-dessous.

- Budget : initial, actuel, prévu en fin de projet.
- Planning : détaillé pour chaque action, en soulignant les dates des jalons clés.
- Impact opérationnel : résultat opérationnel explicité et chiffré (cf. méthode SMART ci-dessous pour les critères de fixation des objectifs).
- Impact relationnel : degré d'appropriation du changement par les acteurs concernés.

La vérification de ces indicateurs est fondamentale pour que vous puissiez vous assurer de manière objective du bon déploiement de votre projet et pour que vous puissiez communiquer sur l'état d'avancement du changement d'organisation.

De façon plus générale, il est primordial que vous puissiez avoir un retour concret sur votre nouvelle organisation. Un changement d'organisation va certes affecter l'efficience d'une entreprise mais aussi et surtout affecter les personnes qui travaillent dans cette organisation. Demandez à de tierces

En pratique

> Demandez aux collaborateurs impactés par les changements d'organisation ce qu'ils en pensent. Puis apportez les améliorations en conséquence.

personnes (extérieures à l'entreprise ou n'ayant pas directement d'intérêt dans le changement d'organisation mis en place) de se renseigner auprès des principaux acteurs du changement sur leur degré d'implication dans celui-ci. Il est probable que les réactions ainsi recueillies seront différentes de celles qui vous seront officiellement remontées, ce qui vous permettra d'avoir un jugement plus objectif sur le degré de réussite de votre changement.

Enfin, rappelez-vous que vous êtes à la tête d'un projet de changement d'organisation, pas d'un projet opérationnel (livraison d'un produit, réalisation d'un contrat) qui serait à durée déterminée dans le temps. Votre projet va durablement impacter le fonctionnement de votre activité et devra dès lors être constamment suivi et amélioré.

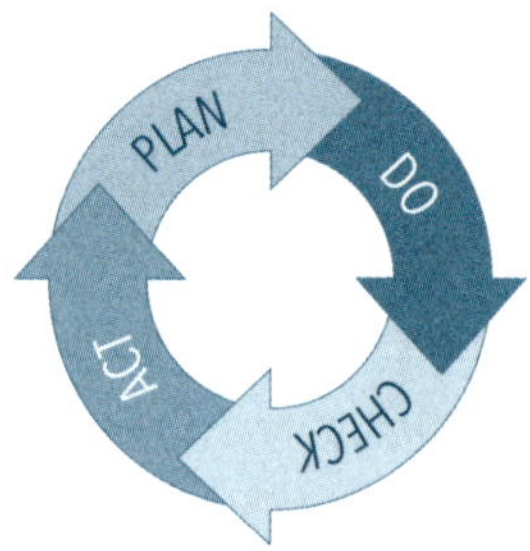

Figure 6.5 – Roue de Deming

À titre mnémotechnique vous pouvez donc vous rappeler la roue de Deming qui donne les principales étapes de tout processus d'amélioration continue : Ces différentes étapes sont les suivantes.

- « *Plan* » : préparer, planifier l'organisation que l'on va mettre en place. Cette étape prend en compte aussi l'élaboration des objectifs de la nouvelle organisation ;
- « *Do* » : développer, réaliser, mettre en œuvre l'organisation qui a été décidée. Cette étape prend en compte la phase de communication évoquée précédemment ;
- « *Check* » : contrôler, vérifier que l'organisation a bien été déployée en demandant aux acteurs concernés ce qu'ils en pensent ;
- « *Act* » (ou *Adjust*) : agir, ajuster, réagir suite au retour des équipes opérationnelles. C'est la boucle de rétroaction du système, souvent mise de côté et pourtant fondamentale, qui permet au changement de s'ancrer sur du long terme dans la structure de l'entreprise.

Exercice

1. Quels sont les jalons principaux du changement ?

....

....

2. Quel programme d'accompagnement prévoir ?

....

....

3. Quels sont les relais de mesure des indicateurs de résultat ?

....

....

À retenir

- Restez centré sur votre mission.
- Définissez une vision pour votre business unit et mettez tout en œuvre pour l'accomplir.
- Impliquez le plus possible votre équipe dans l'élaboration et la mise en place des changements d'organisation nécessaires. Focalisez sur les personnes, c'est elles qui vous permettront d'atteindre vos objectifs.
- Contrôlez les résultats et assurez-vous d'un processus d'amélioration continu.

EN AVANT !!
Mardi

7 Booster son équipe

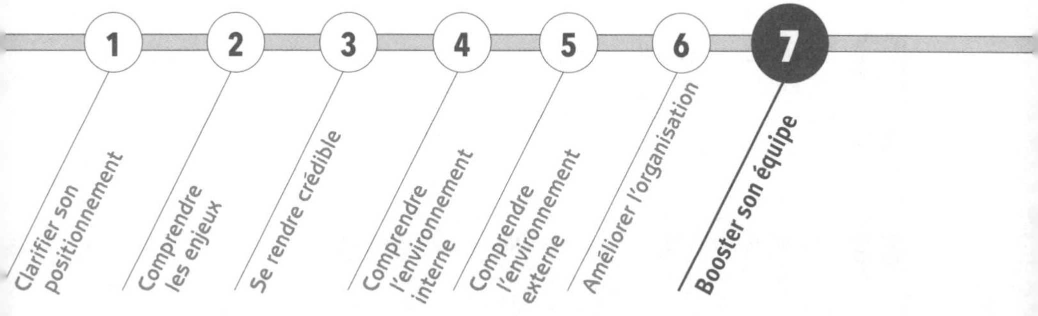

POINTS CLÉS

- → **Pourquoi votre équipe voudra-t-elle vous suivre ?**
- → **Quel est votre style de management ?**
- → **Comment garder une équipe soudée ?**

OBJECTIF Emmener votre équipe.

CONSEIL DU COACH Donnez du sens et agissez.

QUIZ

	Oui	Non
1 Savez-vous ce qui motive les membres votre équipe ?	☐	☐
2 Connaissez-vous votre style de management préféré ?	☐	☐
3 Savez-vous déléguer ?	☐	☐
4 Avez-vous cerné le stade de maturité de votre équipe ?	☐	☐
5 Savez-vous écouter vraiment ?	☐	☐
6 Avez-vous une expérience de gestion de conflits ?	☐	☐
7 Savez-vous entretenir votre réseau professionnel ?	☐	☐

Brief du coach

- Si vous avez répondu « oui » à une majorité de questions, parcourez rapidement les jalons décrits dans ce chapitre pour être sûr de ne rien oublier.
- Si vous avez répondu « non » à une majorité de questions, prenez le temps de lire en détail les lignes qui suivent.

Le manager porteur de sens

En tant que manager vous êtes tenu de réaliser les objectifs pour lesquels on vous a recruté et qui sont définis sur votre feuille de route. Vous disposez pour cela d'une équipe qui va vous aider à réaliser ces objectifs. Comment gérer cette équipe au mieux de vos intérêts et des siens ? Comment assurer la cohésion de votre équipe sans perdre de vue les objectifs de résultat ?

Si vous souhaitez agir vite, droit sur les objectifs, sans vous soucier des relations au sein de votre équipe, alors vous pouvez prendre un management très directif en imposant vos vues à tous et en contrôlant précisément les résultats de chacun. Ce faisant vous atteindrez certainement des résultats probants à court terme.

En revanche, si vous souhaitez agir sur le long terme, vous aurez intérêt à fédérer votre équipe autour de vous. Il vous faudra pour cela renforcer leur motivation autour de la raison d'être de votre entreprise, plus que sur le produit/service livré ou la façon d'y parvenir.

On peut motiver son équipe en communiquant sur trois questionnements différents :

- « Quoi ? »
  Le manager « quoi » focalise son équipe sur les produits/services rendus, la qualité de ceux-ci, le respect des délais, bref la satisfaction client immédiate.
- « Comment ? »
  Le manager « comment » focalise son équipe sur la façon dont ses produits/services sont réalisés, sur ce qu'ils ont de différent dans leurs spécificités et leur production par rapport aux concurrents.
- « Pourquoi ? »
  Le manager « pourquoi » focalise ses équipes sur la raison d'être de l'entreprise, le sens que celle-ci veut apporter. C'est ce questionnement et ce mode de communication qui va inspirer et fédérer votre équipe.

Prenons l'exemple d'Apple. Ils fabriquent des ordinateurs, comme de nombreuses autres entreprises en fabriquent.

Apple aurait pu communiquer ainsi sur ses produits : « Nous fabriquons des ordinateurs, simples d'utilisation et agréables pour les utilisateurs, et ce sont des ordinateurs formidables ». Résultat ? Pas très motivant. On reste ici au niveau du « comment » et du « quoi » décrit plus haut.

À savoir

> Les collaborateurs suivent un management qui leur indique « pourquoi » ils réalisent leur travail. Ils veulent du sens.

Mais ce que dit Apple est très différent : « Dans tout ce que nous faisons, nous croyons à la remise en cause du statu quo et à une manière différente de penser. » « La façon dont nous changeons le statu quo, c'est en fabriquant des ordinateurs simples d'utilisation et agréables pour les utilisateurs, et il se trouve que ce sont des ordinateurs formidables. » L'impact est différent. Dans ce message, le « pourquoi » précède et introduit le « comment » et le « quoi ».

En fait, on achète plus un produit pour le « pourquoi » que pour le « quoi ». Faites le point sur vos propres motivations. De la même façon, une équipe suivra son manager parce qu'il a une vision, qu'il inspire, plus que par ses capacités à expliquer comment faire ou son propre savoir-faire à délivrer.

Cela ne veut pas dire qu'un manager peut méconnaitre ce que fait son équipe ! Bien au contraire, un manager ne doit pas seulement insuffler la direction à suivre, il doit aussi inspirer la confiance. Et pour cela, il doit connaitre précisément le métier de ses collaborateurs, afin de mieux comprendre leurs enjeux et leurs problèmes. Il doit aussi écouter ses collaborateurs, se mettre à leur place, accepter leurs soucis, passer du temps avec chacun d'eux. Finalement, c'est en étant profondément bienveillant, dans l'empathie, qu'un manager se fera le mieux accepté.

Témoignage

Bruno Laforge, Senior Vice President en charge des ressources humaines de la Business Unit Vaccins chez Sanofi

« Le manager doit en priorité donner du sens pour accompagner sa vision. Emmener les collaborateurs en développant l'intelligence collective et la créativité, et en donnant du feedback. »

Sur la relation avec ses collaborateurs on peut repérer deux types de managers.

- Le manager « buisson » : il contrôle le moindre détail pour s'assurer directement que les objectifs sont bien remplis, mais, ce faisant, il étouffe ses collaborateurs.
- Le manager « sequoia » : il délègue et fait confiance, prenant ainsi un risque mais favorisant aussi la croissance à long terme de ses collaborateurs.

Nous sommes souvent tour à tour l'un et l'autre de ces managers. Tout dépend du court ou du long terme. Sur le long terme vous aurez intérêt à passer du temps (quitte à être un peu moins productif sur le court terme) pour faire grandir vos collaborateurs.

Néanmoins, cela ne suffit pas. Le manager doit obtenir des résultats et c'est là-dessus, à court terme, qu'il sera évalué. Il se doit donc d'être centré sur l'objectif qui lui a été assigné avec la volonté continuelle de réussir sa mission. Il doit définir des objectifs pour ses collaborateurs et contrôler leur résultat, contrôler les moyens mis à leur disposition, récompenser et le cas échéant sanctionner. En bref il doit être exemplaire, « dire ce qu'il fait et faire ce qu'il dit ».

Après avoir déterminé la vision, la stratégie et l'organisation adaptée, un manager nouvellement arrivé pourra de façon très pragmatique poser à son équipe la question de confiance : « la direction étant fixée, voulez-vous me suivre ? ». Puis laisser chacun se positionner par rapport à la direction indiquée (qu'elle ait été décidée « par le haut » ou partagée « depuis le bas » comme nous l'avons étudié précédemment). Cette façon de faire a le mérite d'exprimer toute la « puissance » de votre projet à votre équipe, en étant transparent et explicite. Mais si la permission d'être en désaccord est officiellement admise (« voulez-vous me suivre ? »), il faut aussi que votre collaborateur puisse se sentir protégé en cas de refus de vous suivre. Il vous faut donc non seulement « permettre » le refus mais aussi « protéger » cette décision de refus. Par exemple, proposer un accompagnement dans la durée pour se repositionner en interne à ceux qui ne seraient pas en ligne avec vos orientations. Faute de quoi la question de confiance risque bel et bien d'être considérée comme un oukase. Il faut donc préserver l'équilibre entre ces trois pôles que sont

- la « puissance » de votre projet à long terme ;
- la « permission » de ne pas y adhérer ;
- la « protection » d'être accompagné en cas de refus.

Si l'on reprend ce qui a été dit sur la nécessité d'un management de type « pourquoi », l'empathie nécessaire envers ses collaborateurs et le suivi précis des résultats, nous pouvons ainsi affirmer qu'un bon manager se doit d'être : visionnaire, bienveillant et implacable.

À savoir

Vos collaborateurs s'engageront d'autant dans leur job si vous arrivez à favoriser :

- la puissance de leur potentiel (je suis responsable, je décide) ;
- la permission d'agir (je suis autorisé, je peux prendre des risques) ;
- la protection de leur situation (mes valeurs sont respectées, j'ai un plan de repli).

Le management situationnel

Il existe, d'après Paul Hersey et Ken Blanchard, quatre styles de managements distincts que nous utilisons en fonction des différentes situations que nous rencontrons dans notre vie professionnelle.

Ces quatre styles de management correspondent aux quatre différentes situations que vous rencontrerez dans le management de votre équipe, ou que votre manager prendra en compte lors de votre propre période d'intégration.

Ces quatre styles de management résultent de la combinaison de deux axes :

• Le comportement centré sur les tâches, qui privilégie le soutien des compétences auprès des collaborateurs qui en manqueraient.

• Le comportement centré sur la relation, qui insiste sur le développement des qualités relationnelles qui pourraient faire défaut à vos collaborateurs.

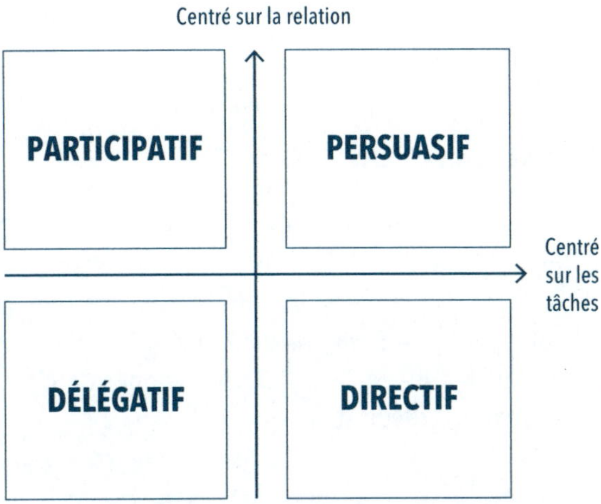

Figure 7.1 – Les styles de management

En fonction du degré de mise en pratique de ces deux comportements dans le management d'équipe, il existe donc quatre types de management principaux.

Le management directif

Les managers dictent à leurs collaborateurs exactement ce qu'il faut faire et comment le faire, car leurs collaborateurs ne le savent pas *a priori*. En revanche, ils ne prennent pas nécessairement le temps de renforcer la relation.

Quelques actions typiques : fixer les objectifs unilatéralement, répartir les tâches, prendre seul les décisions, suivre les résultats.

Le management persuasif

Les managers fournissent de l'information et orientent leurs subordonnés en prenant le temps de se faire comprendre afin de les entrainer à leur suite.

Quelques exemples typiques : fixer les objectifs en s'appuyant sur des faits, expliquer les décisions, demander des suggestions, encourager, suivre les résultats.

Le management participatif

Les managers se concentrent davantage sur la relation et moins sur la direction. Le manager épaule alors son équipe et partage avec elle ses décisions.

Quelques exemples typiques : faire participer son équipe à la fixation des objectifs, demander des idées, écouter, développer l'autonomie de ses collaborateurs, suivre les résultats.

Le management délégatif

Les managers transfèrent la plupart des responsabilités sur le suiveur ou sur un groupe de subordonnés. Ils gardent toujours un œil sur les progrès, mais ils sont moins impliqués dans les décisions, qu'ils remettent à la responsabilité de leurs collaborateurs. C'est « *l'empowerement* » des équipiers.

Quelques exemples typiques : définir le cadre général des objectifs, rendre le collaborateur autonome, contrôler en fonction de critères définis conjointement.

Pour déléguer au mieux une tâche spécifique, vérifiez au préalable que vous avez défini précisément avec votre collaborateur ses objectifs, les moyens dont il dispose pour accomplir cette tâche et les résultats escomptés ainsi que la méthode de mesure de ces résultats.

Ces quatre styles de management doivent donc venir *a contrario* compléter les manques des personnes encadrées, que ce soit au niveau des compétences ou au niveau des relations. Vous avez donc intérêt à adapter votre style managérial à chacun des membres de votre équipe pour être le plus efficace possible.

Voici quelques exemples.

• Nathalie est une jeune contrôleuse de gestion, tout juste diplômée de son école de commerce, qui est très motivée à l'idée de travailler pour une entreprise de services à la personne. Elle a donc un très bon relationnel avec ses collègues (car très motivée) mais n'a pas de compétence confirmée (pas d'expérience métier).
Vous aurez donc intérêt à renforcer les compétences de Nathalie, tout en laissant ses capacités relationnelles s'exprimer. C'est le style directif.

• Marc est responsable des achats dans une entreprise d'accessoires automobiles. Il y est depuis 12 ans et s'ennuie. En plus du service achats vous souhaitez lui confier la responsabilité du service logistique, qu'il connait dans les grandes lignes mais dont il ignore les spécificités métiers. Il est donc peu en relation avec ses collaborateurs et peu compétent dans les nouvelles fonctions que vous lui destinez.
Vous aurez donc intérêt à le motiver tout en le soutenant au niveau de sa montée en compétences. C'est le style persuasif.

• Sophie est une responsable juridique expérimentée. Plus de 15 ans passés à rédiger, contrôler et négocier des contrats à l'export, Sophie n'a rien à envier à ses collègues en termes de compétences. D'ailleurs elle préfère faire son travail correctement, sans demander l'aide de personne, puis rentrer chez elle dès que tout est fini, sans prendre nécessairement le temps de nouer des relations avec le reste de son équipe. Sophie est donc très compétente mais peu en relation avec ses collègues. Vous aurez donc intérêt à laisser s'exprimer son expérience en favorisant le dialogue. C'est le style participatif.

• Vincent est responsable commercial depuis plus de 10 ans, très apprécié de ses équipes pour son dynamisme et sa capacité à fédérer. Vous aurez donc intérêt à laisser s'exprimer les compétences et le relationnel de Vincent, tout en vous assurant néanmoins de bien clarifier les objectifs ensemble. C'est le style délégatif.

Si le modèle de management décrit ci-dessus reste bien « situationnel » – c'est-à-dire qu'il doit s'adapter à la situation de la personne dirigée – il n'en reste pas moins que nous avons chacun d'entre nous un style de management privilégié, que nous utilisons sans nécessairement nous en rendre compte, indépendamment des situations rencontrées.

C'est ce style de management privilégié que nous vous conseillons d'identifier avant de prendre vos nouvelles fonctions.

En pratique

Comprenez quel est le style de management privilégié de votre collaborateur puis essayez de vous adapter.

Pour cela vous pouvez revoir quatre expériences de management antérieures :

- deux expériences de succès.
- deux expériences d'échec.

Pour chacune de ces expériences, relevez quel était votre style de management privilégié. Soyez le plus honnête possible dans cette analyse : le résultat n'est pas destiné à être communiqué à qui que ce soit mais bien à vous faire prendre conscience de la façon dont vous managez le plus souvent votre équipe.

Une fois cet exercice terminé, reprenez chacune de ces expériences managériales et voyez, à la lumière des quatre styles de management situationnels ci-dessus, comment vous auriez pu améliorer la situation. Cette courte introspection vous sera utile dans la gestion de votre future équipe.

C'est à vous !

- **Quel est mon style de management privilégié ?**

....

....

....

....

- **Pour chacun de mes collaborateurs proches, quel est le style de management que je souhaite privilégier ?**

....

....

....

....

La délégation

Quel que soit votre style de management, vous serez certainement un jour ou l'autre en situation de devoir déléguer. C'est la structure même de l'entreprise qui amène à la délégation. Un manager ne peut pas tout faire, il doit céder une partie de ses responsabilités à certains de ses collaborateurs s'il veut pouvoir rester centré sur l'essentiel. De plus, comme nous le confirmait encore récemment un dirigeant d'entreprise, « personne ne connait mieux son métier que celui qui l'exécute ». La délégation, si elle correctement établie, peut ainsi permettre au manager non seulement de prendre de la hauteur mais aussi de responsabiliser les opérationnels.

Deux types de délégation sont possibles :

- Celle où le manager demande à son collaborateur de réaliser une tâche tout en gardant les moyens et la responsabilité de cette tâche. Un peu comme si le manager demandait à son collaborateur de planter un clou (réaliser une tâche) tout en tenant le marteau (le manager conservant le contrôle des moyens)...
- Celle où le manager confie entièrement la tâche à son collaborateur (objectif et moyens) tout en gardant un contrôle des résultats. Ici en revanche le collaborateur tient le marteau...

La deuxième délégation, qui reste la plus risquée à court terme, est néanmoins celle qui générera le plus d'efficience en responsabilisant le collaborateur. Et en permettant par la même occasion au manager de prendre le recul pour développer son activité et remplir ses objectifs.

Comment déléguer ?

Toute tâche à réaliser contient un objectif, des moyens (matériels, financiers et humains) d'y parvenir et des résultats correspondants. La délégation va ainsi se décomposer en trois séquences.

À savoir

Plus la délégation sera explicite, plus votre collaborateur s'autorisera à prendre les responsabilités.

Fixer l'objectif et le partager avec son collaborateur

Un objectif peut être soit collectif pour l'ensemble de votre équipe soit individuel pour chacun de vos collaborateurs. Quel que soit le type d'objectif visé, soyez aussi précis que possible dans sa définition.

Vous pouvez ainsi valider chaque objectif au travers de la grille d'évaluation ci-dessous (acronyme SMART).

Pour être efficace un objectif doit être en effet :

- **S**pécifique : suffisamment précis pour qu'il n'y ait aucune ambiguïté sur sa pertinence, avec un périmètre précis et clair ;
- **M**esurable : que l'on puisse le quantifier, ou au moins le qualifier grâce à une grille de repères objectifs ;

- **A**ccepté par toutes les parties prenantes, vos collaborateurs bien sûr en premier lieu ;
- **R**éaliste : on peut raisonnablement le réaliser dans le temps imparti ;
- **T**emps limité : avec une date de fin prédéfinie et si possible des jalons intermédiaires ;

En passant vos objectifs au filtre de cette grille, vous évacuerez ainsi tout risque d'incompréhension entre votre collaborateur et vous.

Confier au collaborateur les moyens de sa réalisation

C'est la clé. Une délégation ne se conçoit qu'en laissant à celui à qui on délègue les moyens de réaliser les objectifs. C'est l'exemple mentionné ci-dessus : si l'on vous demande de planter un clou, il faut que vous puissiez tenir le marteau. C'est souvent là que la délégation achoppe : le manager fixe et partage l'objectif, mais garde la main sur la décision et la mise en place des moyens nécessaires pour y arriver. Non seulement cela démotive profondément le collaborateur mais l'empêche de réaliser pleinement la tâche qu'on lui confie.

Responsabiliser le collaborateur et contrôler les résultats

Un objectif n'est réussi que quand le résultat est atteint. La méthode SMART ci-dessus vous aura permis de bien définir les objectifs et leurs résultats associés. Laissez votre collaborateur s'assurer pleinement de la réalisation de l'objectif et contrôlez celui-ci régulièrement, tout en ayant défini avec lui au préalable la périodicité de ces contrôles. Plus vos contrôles seront espacés, plus la délégation sera puissante et plus vous pourrez prendre de la hauteur dans votre fonction. Pensez-y.

Exercice

1. Quelles tâches pourrais-je déléguer ?

....

....

....

2. Comment je souhaite m'y prendre pour déléguer chacune de ces tâches ?

....

....

....

La cohésion d'équipe

Vous allez pouvoir définir la structure cible de votre équipe, c'est-à-dire son organisation interne, en vous appuyant sur quelques étapes clés.

Cela présuppose comme nous l'avons vu précédemment que votre organisation soit définie afin de vous permettre de remplir durablement vos objectifs. Une fois cette organisation définie, constituez une solide équipe rapprochée.

De qui s'agit-il ?

De personnes en qui vous ayez confiance, qui soit « engagées » sur votre projet (ce sont les « constructifs » de la stratégie des alliés) et qui aient prouvé par leur savoir-faire qu'elles sauront délivrer les résultats escomptés. Pour chacune de ces personnes clés, assurez-vous de leur soutien sur le moyen terme, en particulier durant les phases de transition auxquelles vous allez certainement faire face entre 3 et 6 mois. Cela peut être en leur proposant un « *retention package* » pour les inciter financièrement à rester dans l'équipe (méthode à utiliser avec parcimonie), une évolution professionnelle dans les deux ans qui viennent, une valorisation de leur statut... Bref un intérêt tangible, au-delà de leur engagement naturel, pour eux de rester avec vous à bord.

Si vous ne trouvez pas en interne les ressources nécessaires pour constituer votre équipe rapprochée, demandez directement aux personnes extérieures en qui vous avez confiance de rejoindre votre entreprise. Là aussi proposez-leur des avantages tangibles, en ligne avec leurs aspirations, puis appuyez fortement leur candidature auprès des Ressources Humaines. Appuyez-vous sur votre N+1 pour cela.

Essayez ensuite d'identifier les personnes qui vont manifestement freiner vos actions. Vous pourrez alors redéfinir leurs attributions ou – si vous n'avez pas le choix – les accompagner dans leur repositionnement.

Dans le cas de personnes sur lesquelles vous avez un doute quant à leur motivation, leur intégration dans l'équipe ou leurs compétences, vous pouvez les mettre en période probatoire. Pour cela donnez-leur une feuille de route claire avec des jalons de résultats indiscutables, puis contrôlez l'avancement de ces actions. Vous pourrez alors prendre des décisions plus objectives sur le positionnement de ces personnes dans votre équipe.

Si vous deviez vous séparer de personnes, parlez-en au préalable à votre N+1 en lui demandant ce qu'il en pense puis en obtenant son accord pour cette séparation. Confirmez cet accord par écrit. Mettez alors en place une procédure rapide pour vous séparer des personnes considérées, mais évitez là aussi de le faire avant le 4ᵉ ou 5ᵉ mois de votre entrée en fonction. Enfin, tant du point de vue humain que de l'ambiance au sein de votre équipe, faites accompagner les personnes dont vous devez vous séparer par un cabinet d'outplacement qui puisse les épauler tout au long de leur recherche. Vous passerez ainsi le signal en interne que vous savez être centré sur l'atteinte des objectifs tout en restant humain.

Si vous identifiez des baronnies dans votre business unit, vous aurez intérêt à les supprimer ou au minimum à les contenir dans un périmètre spécifique, afin de préserver votre autorité. Soit en vous attaquant à la tête de la baronnie en question (directement ou par effet de levier) soit en faisant tourner les équipes internes, tout en restant vigilant à ne pas déstabiliser toute l'organisation. C'est une problématique à part entière, souvent assez délicate. Appuyez-vous pour cela sur l'élaboration du sociogramme (cf. ci-dessus) et faites-vous accompagner si nécessaire.

En bref, ayez rapidement une équipe prête à foncer.

Maintenant que cette équipe est constituée, il va être important de vous assurer sa cohésion pour faire face aux obstacles que vous ne manquerez pas de rencontrer.

D'après Vincent Lenhardt, une équipe évolue selon trois stades :

- La collection d'individus, dans laquelle les acteurs sont centrés sur leur expertise et leur réussite individuelle. À ce stade l'équipe est dans une phase de constitution. Chacun de ses membres est centré sur son expertise, ses propres problèmes et sa réussite individuelle. Les valeurs de l'individu sont orientées vers l'expertise métier. Cette étape, nécessaire, comporte le danger que chacun s'enferme dans ses modes de fonctionnement sans tenir compte des autres. Dans une équipe figée à ce stade, les membres risquent de mettre leur énergie à protéger leur territoire et à instaurer des « baronnies ».

- Le groupe solidaire, dans lequel ses membres ont intégré la logique de leurs pairs et où leur énergie est centrée sur la collaboration entre ses membres. À ce stade le leadership est affirmé, les frontières de l'équipe sont clairement définies et chaque membre est suffisamment rassuré sur son identité et son territoire. L'énergie est centrée sur la collaboration et sur l'écoute mutuelle. Les valeurs de l'équipe deviennent relationnelles ; Si l'équipe reste figée dans ce stade, elle peut rencontrer deux dangers : les valeurs de solidarité pourraient devenir trop oppressantes et enlever aux acteurs leur parole individuelle ; l'équipe pourrait devenir « solidaire » contre d'autres équipes de l'entreprise.

- L'équipe performante, dans laquelle l'énergie est centrée sur la mise en œuvre d'une vision partagée. À ce stade l'identité de l'équipe et de ses membres se définit par rapport à une vision partagée. Les membres de l'équipe sont centrés sur l'élaboration de cette vision partagée et sur l'ajustement continu des rôles de chacun avec celle-ci.

Vous pouvez essayer de repérer par vous-même, globalement, à quel stade en est votre équipe. En revanche, si vous souhaitez renforcer la cohésion et passer à un stade supérieur, faites-vous accompagner pour cela, cela ne s'improvise pas. Un coach spécialisé pourra en effet vous aider à renforcer la cohésion de votre équipe, qui est un critère clé de votre réussite sur le long terme.

Conseil

> Repérez précisément à quel stade de maturité est votre équipe aujourd'hui. Faites-vous accompagner si nécessaire pour cela.

Une fois votre équipe constituée et soudée, prenez le temps d'instaurer des rites de communication au sein de l'équipe : périodicité des réunions, échanges informels, ordres du jour, temps conviviaux... Afin que votre équipe puisse s'imprégner au quotidien de sa nouvelle configuration et puisse communiquer souplement sur le long terme.

Exercice

1. Quel est le stade d'évolution de mon équipe ?

....

2. Quels sont les conflits potentiels ?

....

....

3. Comment je souhaite désamorcer/résoudre ces conflits ?

....

....

L'écoute active

Nous avons beaucoup parlé d'écoute, d'empathie et de respect des personnes entre elles. *A fortiori,* du manager envers ses collaborateurs. Mais comment réaliser cette écoute, sans pour autant se noyer dans ce que vous dit l'autre ?

L'écoute active, aussi nommée écoute bienveillante, est une technique d'accompagnement initiée par Carl Rogers, qui permet d'établir un lien profond avec votre interlocuteur et de favoriser un climat d'ouverture et de confiance. Elle suppose de la part de celui qui écoute une attention au discours verbal, para-verbal et non-verbal de celui qui parle et une reformulation des éléments clés exprimés par ce dernier.

Voici quelques éléments pratiques pour vous permettre d'utiliser cette technique.

Questionner

- Par des questions fermées (débouchant nécessairement sur un « oui » ou sur un « non »), comme : « Acceptez-vous l'objectif que je vous ai fixé ? »
- Par des questions ouvertes (qui ne se suffisent pas d'un « oui » ou d'un « non »), comme : « Quelle part pensez-vous réaliser dans cet objectif d'équipe ? »
- Par des questions dites « puissantes », qui donnent à réfléchir et n'appellent nécessairement pas de réponse immédiate, comme : « En quoi cet objectif d'équipe répond-il à vos propres enjeux professionnels ? »

Vous constaterez que plus vous ouvrirez la façon de poser des questions, plus vous enrichirez la palette de réponses possibles. Nous avons souvent tendance – non seulement par facilité mais aussi dans le souci d'efficacité et de rapidité – à privilégier les questions fermées qui ont le mérite de jalonner de façon simple le plan d'action que l'on s'est fixé. Mais cela peut valoir le coup de s'entrainer aussi à poser des questions ouvertes ou puissantes pour favoriser l'échange et renforcer ainsi la cohésion.

Écouter

- Au niveau verbal en tâchant de bien comprendre le contenu exprimé (c'est souvent à ce niveau-ci que s'arrêtent la plupart des personnes qui écoutent).
- Au niveau para et non verbal (cf. diagramme de Mehrabian ci-dessus) en étant vigilant aux intonations de voix, expressions du visage, gestes, attitudes et postures corporelles.
- Au niveau émotionnel en vous centrant sur vos propres émotions, ce que vous ressentez en écoutant votre interlocuteur. Cette troisième écoute est souvent difficile à mettre en pratique et nécessite une bonne connaissance de soi.

C'est souvent l'écoute des idées qui est privilégiée en entreprise. Néanmoins, nous ne saurions trop vous conseiller de vous entrainer à être attentif à la voix et aux gestes de votre interlocuteur. Et plus encore, si vous en avez le courage, à vos propres émotions. Cela vous permettra en effet de dépasser le simple stade des idées et d'ouvrir largement le champ de communication. Essayez au début avec des interlocuteurs que vous connaissez bien, auprès de qui il n'y a pas particulièrement d'enjeu, afin de vous rendre compte de la richesse de ce niveau d'écoute.

Reformuler

- En reflet ou miroir de ce qui a été exprimé, en relevant un mot ou une phrase clé entendue. Par exemple : « Indicateurs non définis ? »
- En synthèse ou clarification de ce qui a été exprimé, afin de vous assurer que vous avez bien compris ce qui a été dit et de permettre à votre interlocuteur de rebondir. Par exemple : « Si je comprends bien, l'objectif fixé pour vous n'est pas clair. »
- En déduction de ce qui était implicite dans ce qui a été exprimé, afin de faire avancer la réflexion plus loin. Par exemple : « J'entends que pour vous un objectif clair est nécessairement assorti d'indicateurs chiffrés ? »

Ce faisant vous allez renforcer la confiance de votre collaborateur en lui-même. Vous le verrez alors certainement continuer à approfondir ses idées, en s'appuyant sur votre retour bienveillant. Et vous constaterez très certainement que cela renforcera durablement votre relation.

Métacommuniquer

Si vous souhaitez vraiment approfondir la puissance de l'écoute active, vous pouvez aussi ajouter à la démarche ci-dessous une communication particulière, « au-dessus » de la communication habituelle, qui est la « métacommunication ».

Cette métacommunication est un peu comme la vue d'hélicoptère de ce qui se passe entre votre interlocuteur et vous. Vous vous placez au-dessus de la mêlée, en observateur, et vous étudiez ce qui se passe ici et maintenant. Vous pourrez alors communiquer à votre interlocuteur vos constats ou interrogations :

- Où vous en êtes tous les deux du cadre général de votre discussion par rapport aux objectifs que vous vous étiez fixés.
- En quoi l'échange que vous avez en ce moment est-il un reflet de la situation systémique plus large dans laquelle vous vous trouvez (problème personnel, souci de santé).
- Comment êtes-vous présent ici et maintenant dans ce dialogue.

Cette métacommunication sur ce qui se passe entre vous à un instant donné est très puissante. Elle vous permettra en effet de renforcer considérablement la profondeur de vos échanges et de votre confiance réciproque. Attention toutefois à être bien préparé pour ce type de démarche, qui ne s'improvise pas.

En pratique

Entraînez-vous à l'écoute active (avec des amis, d'anciens collègues) avant de l'utiliser avec vos collaborateurs.

Témoignage

Bernard Planchais, ex-directeur général délégué de DCNS

« La valeur d'une entreprise est d'abord celle des personnes qui y travaillent et de la qualité du dialogue interne. »

L'écoute active est ainsi une façon d'être profondément en lien avec vos interlocuteurs, et donc de les respecter. Mais avant de passer des entretiens avec vos collaborateurs en utilisant cette écoute active, préparez-vous attentivement en sachant au préalable ce que vous voulez exprimer et en vous entrainant avec certains de vos proches :

- préparez des questions fermées, ouvertes et puissantes ;
- mettez-vous en posture d'écoute du langage non verbal de vos interlocuteurs ;
- pratiquez la reformulation en miroir, en synthèse et en déduction ;
- faites attention à votre ressenti durant ces entretiens, et métacommuniquez.

La résolution de conflit

Il vous arrivera certainement en tant que manager de devoir gérer des conflits. Tant les vôtres (ceux que vous pourrez avoir avec d'autres personnes) que ceux à l'intérieur de votre équipe.

Si un conflit survient dans votre équipe, nous vous conseillons de séparer le binôme en conflit du reste de l'équipe. Une situation de conflit entre deux personnes peut en effet vite dégénérer en conflit systémique, créant une situation de tension dans toute l'équipe. Séparer ne veut pas dire les empêcher de travailler ensemble, mais seulement limiter les interactions qu'ils auront entre eux et rester vigilant à ce que leur conflit ne pollue pas le reste de l'équipe.

Si vous êtes suffisamment aguerri à la résolution de conflit, vous pouvez alors tenter de réaliser vous-même une médiation. Mais cette décision peut s'avérer lourde de conséquences si vous échouez, car vous êtes le manager et un échec dans la résolution de ce conflit pourrait profondément vous discréditer en interne. Dans ce genre de situation, il peut être plus sûr de faire accompagner le binôme par un intervenant externe.

En revanche, si vous êtes vous-même en conflit avec une tierce personne – et que vous estimez pouvoir résoudre ce conflit sans aide extérieure – alors nous recommandons d'utiliser les techniques de Communication Non Violente (CNV), appelée encore parfois communication bienveillante.

> **À savoir**
>
> La gestion de conflit ne s'improvise pas. Elle nécessite de rendre explicite des problèmes souvent difficiles et que l'on veut rarement regarder en face.

La CNV se décompose en quatre phases, résumées par l'acronyme OSBD, telles que les a formalisées Marshall Rosenberg.

- **O**bservation
  Ce que j'observe (vois, entends, me rappelle, imagine – sans y mettre d'évaluation) qui contribue ou non à mon bien-être : « Lorsque je vois/entends... »
- **S**entiment
  Comment je me sens (émotion ou sensation plutôt que pensée) par rapport à ce que j'observe : « Je me sens... »
- **B**esoin
  Ce dont j'ai besoin ou qui touche à mes valeurs (plutôt qu'une préférence ou une action précise) qui éveille mes sentiments : « Parce que j'ai besoin de/j'accorde de l'importance à... »
- **D**emande
  Les actions concrètes que j'aimerais voir : « Serais-tu d'accord de... »

À chacune de ces phases, chaque protagoniste s'exprime, pendant que l'autre l'écoute sans commentaire. Puis on passe à la phase suivante. Cette méthode, très puissante, nécessite tout de même une certaine pratique. Utilisez là directement vous-même si vous pensez pouvoir la mettre en application sans trop de risque. Dans le cas contraire, nous vous recommandons là encore de faire signe à un intervenant externe.

Exercice

1. Puis-je résoudre moi-même ce conflit en interne ?

....

....

2. Comment vais-je m'y prendre ?

....

....

L'animation de réunion

Une réunion se doit d'être structurée, avec au minimum un ordre du jour et un compte-rendu.

Voici un déroulement possible de réunion (nous prenons ici un cas très général, où les participants n'ont pas nécessairement l'habitude de travailler ensemble) :

- Présentation de l'ordre du jour (qui aura été envoyé au moins 24 heures avant)
- Tour de table pour recueillir les commentaires et modifications éventuelles de l'ordre du jour
- Logistique et timing (horaires, pauses, téléphones...)
- Règles de fonctionnement du groupe (confidentialité, bienveillance, parler vrai...)
- Échanges entre participants : c'est le cœur de la réunion
- Laissez tout d'abord chacun des participants s'exprimer, sans commentaire ni jugement des autres participants. Ensuite seulement de per-

mettre un échange entre tous, afin de permettre à tous les participants de prendre au moins une fois la parole. Restez concis et centré sur l'objet de la réunion.

- Synthèse par l'animateur et relecture des points clés du compte-rendu de réunion
- Définition des prochaines étapes/réunions
- Envoi du compte-rendu dans les 48 h suivant la réunion

Bien sûr ce déroulement est complètement adaptable en fonction notamment du temps imparti et du niveau de cohésion de votre équipe.

Si vous souhaitez renforcer l'implication des participants dans la réunion, vous pouvez aussi déléguer des rôles pour chacun d'entre eux. Nous pouvons ainsi distinguer cinq rôles possibles dans une réunion :

- L'animateur, qui coordonne l'ensemble de la réunion
- Le secrétaire, qui note et rédigera le compte-rendu
- Le *time keeper*, qui est gardien du temps de réunion et des jalons intermédiaires s'ils ont été définis (cela peut être utile par exemple de rappeler *a minima* que l'on est à la moitié du temps de réunion, ou à 15 min de la fin)
- Le pousse-décision, qui reformule, synthétise et de demande des décisions
- Le leader éveilleur, qui remet en perspective les discussions et même plus généralement les objectifs de la réunion en regard de la raison d'être de l'entreprise

En pratique

- Préparez de façon approfondie chacune de vos réunions, tant sur le contenu que sur le cadre.
- Diversifiez les modes d'animation (classique, rôles délégués).

Les deux derniers rôles sont souvent moins classiques dans la répartition des tâches lors d'une réunion. Néanmoins, ils peuvent se révéler très utiles pour donner du tempo dans les décisions et prendre de la hauteur.

Vous aurez aussi intérêt à ce que les participants changent de rôles d'une réunion à une autre.

L'entretien d'évaluation

L'entretien d'évaluation est un moment privilégié de rencontre et d'échange entre votre collaborateur et vous. Au cours de cet entretien votre collaborateur va faire le point sur l'ensemble de l'année écoulée (même si vous n'êtes son manager que depuis quelques mois) et valider avec vous ses objectifs pour l'année à venir.

Conseil

> Portez une attention particulière à cet entretien car il représente beaucoup pour votre collaborateur, pour qui vous êtes le principal acteur pouvant influer sur son avenir professionnel.

Là encore, comme pour une réunion classique, soyez rigoureux dans la conduite de l'entretien. Vous pouvez si vous le souhaitez prendre le plan d'entretien proposé ci-dessous.

- **Ouverture** : définition de la durée et des objectifs de l'entretien.
- **Évaluation** : reprenez chacun des objectifs de votre collaborateur et laissez-le vous expliquer là où il en est de ses résultats.

Soyez à l'écoute de ce qu'il vous dira, non seulement pour comprendre ce qui s'est passé mais aussi pour lui montrer que vous êtes de son côté, que de sa réussite dépendra la réussite de votre service. Vous pouvez pour cela pratiquer les techniques d'écoute active décrites ci-dessus.

- **Amélioration** : pour chacun des objectifs évalués, donnez votre avis et – si nécessaire – une suggestion d'amélioration.

Si vous êtes d'accord avec l'évaluation de l'objectif faite par votre collaborateur, n'hésitez pas à le lui dire en renforçant effectivement sa réussite en vous appuyant sur des faits tangibles (chiffrés) et les améliorations relationnelles que son action a pu générer. Vous augmenterez ainsi sa motivation et renforcerez vos liens mutuels.

Si vous n'êtes pas d'accord avec l'évaluation de l'objectif, vous devez lui faire savoir, tout en essayent de préserver le plus possible votre relation avec lui. Pour communiquer un message difficile vous pouvez appliquer la méthode « sandwich » ci-dessous :

– Renforcer ce qui est positif (on peut toujours trouver des éléments positifs dans un résultat, même si sur le fond l'objectif n'est pas atteint)

– Dire clairement ce que vous constatez, en vous appuyant le plus possible sur des faits précis, qui n'appellent aucune discussion. Évoquer ensuite, factuellement là encore, les conséquences possibles de la non atteinte des résultats. Cette phase est évidemment la plus délicate. Vous aurez intérêt à dire les choses, à ne rien cacher, mais aussi – pour préserver votre relation – à vous appuyer sur des faits tangibles, le moins possible sur des impressions et des sentiments (à moins de pratiquer les techniques de communication non violente évoquées ci-dessus).

– Proposer des pistes d'amélioration concrètes et fixées dans le temps, qui puissent être acceptées par votre collaborateur. Montrer tout ce que ces améliorations auront alors un impact positif, non seulement pour les résultats de l'entreprise mais aussi pour la cohésion d'équipe, pour la satisfaction de votre collaborateur et pour vous-même

• **Projection** : il s'agit ici de vous projeter dans le futur afin de fixer les objectifs de l'année à votre collaborateur. Préparez bien en amont cette phase en définissant chaque objectif avec rigueur. Appuyez-vous pour cela sur la méthode SMART évoquée ci-dessus

• **Conclusion** : c'est le moment de faire la synthèse de ce qui a été dit au cours de l'entretien. Cette synthèse effectuée demandez alors à votre collaborateur ce qu'il ressent à la fin de cet entretien, en entrant là complètement dans la description des émotions. Dites lui aussi comment vous vous sentez et concluez en lui réaffirmant votre confiance. Souvenez-vous en effet que cet entretien aura certainement des conséquences bien plus importantes sur son avenir professionnel que sur le vôtre.

En pratique

Préparez de façon approfondie chacun de vos entretiens d'évaluation. N'oubliez jamais que celui-ci conditionne la suite du parcours professionnel de votre collaborateur.

Le renforcement des projets en cours

À la suite des 100 premiers jours vous aurez à vous assurer de la bonne marche des projets opérationnels en cours d'exécution dans votre périmètre de responsabilité. Nous rappelons donc ici succinctement quelques fondamentaux de gestion de projet auxquels vous devrez être vigilant.

Un projet est le processus pour aller d'un point A (le besoin d'un client) à un point B (la réponse apportée à ce client) dans un temps donné. Il devra donc être contrôlé au niveau des coûts, des délais et de la qualité des prestations rendues. La variable d'incertitude étant les risques encourus par le projet durant sa réalisation.

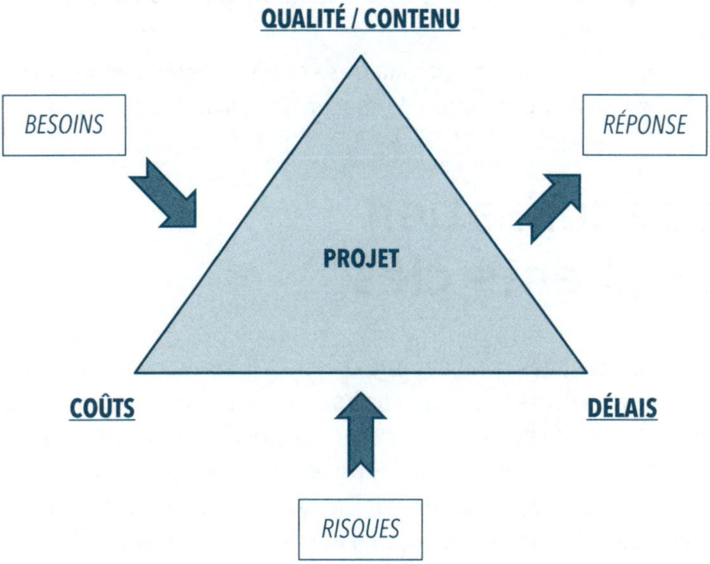

Figure 7.2 – Management de projet

Voici un rappel des principaux paramètres (et livrables) de la gestion d'un projet :

- Coûts : budget prévisionnel, suivi des dépenses, estimation à terminaison, évolution de la marge, taux de change et fiscalité (dans le cas de projets internationaux).
- Délais : répartition des tâches, calcul du chemin critique, suivi des principaux jalons.
- Qualité : descriptif détaillé des prestations, fiches techniques, critères d'acceptation par le client en fin de projet.
- Analyse des risques : évaluation détaillée, probabilité d'occurrence, estimation de l'impact, priorisation des risques, plan d'atténuation des risques, plan de sauvegarde.
- Management : équipe dédiée au projet, avec un chef de projet assurant le management des équipes et le suivi du contrat (en s'appuyant au besoin sur le département juridique), responsable vis-à-vis de sa hiérarchie des résultats obtenus.

Vérifiez que chacun de ces paramètres sont bien gérés par une personne spécifique dans l'organisation de chacun de vos projets.

La sécurisation des clients clés

Vous aurez aussi, dès la fin des 100 premiers jours et même un peu avant, à sécuriser vos clients clés. Il ne s'agit pas ici de vérifier les projets en cours (ce que nous venons de voir), ou même de prospecter de nouveaux clients (ce que vous avez commencé à mettre en place en définissant votre positionnement marketing) mais de fidéliser vos clients existants. En effet, ce sont eux aujourd'hui qui font marcher aujourd'hui votre entreprise.

Vous pouvez en premier lieu réaliser une enquête de satisfaction client. L'intérêt d'une telle enquête – comme c'était d'ailleurs déjà le cas pour les entretiens clients de vos 100 premiers jours – aura pour double intérêt de récupérer les informations objectives de satisfaction de vos clients et de leur montrer qu'ils comptent pour vous.

Cette enquête pourra comporter des questions quantitatives (qui vous permettront de faire des statistiques utiles ensuite pour mettre en place des actions correctives en interne) et qualitatives (plus difficiles à gérer mais qui permettront à vos clients de s'exprimer vraiment).

En cas de négociation avec un client que vous savez difficile, sur des prestations ayant plusieurs paramètres, vous devrez être organisé et ne rien laisser au hasard.

Vous pouvez dès lors utiliser une méthode structurée pour renégocier avec ces clients difficiles.

Établir les objectifs

Il est primordial de bien se préparer. Listez tous les points de négociation possible et définissez les priorités pour chacun d'eux, le niveau plancher en deçà duquel vous ne pouvez plus baisser, l'objectif cible, l'exigence initiale que vous pouvez demander en première discussion avec votre et client et enfin un argumentaire solide pour chacun des points établis. 80 % de la réussite d'une négociation se trouve dans sa préparation.

Tableau 7.1 – Préparation de négociation

Les points à négocier	Priorité	Plancher	Objectif	Exigence initiale	Arguments
Prix	1	**Seuil non négociable**	**Seuil raisonnable**	**Seuil de rupture**	*Valeur ajoutée*
Spécifications	2				*Conformité*
Délais	3				*Bonus / malus*
T&Cs	4				*Couverture des coûts*
Garanties	5				*Réciprocité*
...	6				...

Argumenter

À chaque demande de votre client, allez chercher la raison de cette demande: « Pourquoi me demandez-vous cela ? » C'est votre minute de pouvoir. C'est à ce moment que vous inversez le rapport de force en demandant à votre client de vous justifier. Profitez de ce moment pour ne rien lâcher: il vous a fait une demande, il devrait être en mesure de vous expliquer la raison de cette demande. Durant cette minute de pouvoir vous allez récupérer beaucoup d'informations intéressantes pour négocier par la suite. Après ses explications, reformulez la réponse et commencez à argumenter en apportent la preuve de ce que vous avancez, si possible de façon précise chiffrée.

Par exemple, si votre client vous demande un rabais sur le prix de maintenance de ses équipements, demandez-lui pourquoi il veut cette réduction de prix. Puis argumentez en disant que la maintenance est au niveau de prix actuel car vous fournissez des prestations de hotline 24/7 avec une équipe support capable d'intervenir sur site chaque jour ouvré sous 3 h, composée de X ingénieurs et Y techniciens qui représentent Z K€ de coût chargé, etc.

Argumentez, rentrez dans les détails, l'essentiel ici est de prouver que vos prestations sont au juste prix.

Obtenir une contrepartie

Si l'argumentation ne suffit plus et que vous devez faire un effort supplémentaire, utilisez votre minute de pouvoir en demandant « pourquoi ? ». Puis, une fois reçu les explications de votre client, demandez une contrepartie équivalente à l'effort qu'il vous a demandé. Il s'agit ici de rester sur un jeu à somme nulle : vous donnez sur un point, ils vous donnent sur un autre. Bien sûr, là encore, vous ne pourrez entrer dans le jeu des contreparties que si vous avez bien préparé vos arguments et que vous connaissez la valeur de tous les paramètres de votre négociation.

Mais est-il vraiment possible de demander une contrepartie à un client mécontent qui nous demande un effort ?

Pourquoi pas si la contrepartie est justifiée. Vous lui donnerez alors le double signal que vos prestations sont au juste prix et... que vous êtes un solide professionnel.

Déplacer la demande

Que faire maintenant si malgré tous vos efforts d'argumentation et de demande de contrepartie précédents, votre client continue à vous demander un effort conséquent ? Après avoir utilisé votre minute de pouvoir, déplacez alors sa demande vers un article négociable qu'il n'avait pas mentionné. Reprenons le cas de la maintenance. Si le client vous demande absolument de réduire le coût de vos prestations de maintenance de 5 %, notre recommandation est de déplacer cette demande vers un autre article, les pièces détachées par exemple, en reportant le montant total du rabais demandé sur une baisse du prix des pièces de rechange. À quoi cela sert-il puisqu'au final c'est une perte sèche par rapport au montant total du contrat ? Tout simplement à montrer à votre client que, même dans une situation tendue comme celle dans laquelle vous êtes actuellement, vous continuez à tenir votre rang. Le message implicite étant pour votre client que la négociation n'est pas finie et que cela va être professionnel jusqu'au bout.

S'engager

Enfin, lorsqu'arrive le moment de conclure, il peut arriver que le client vous demande un dernier effort : « Si vous m'accordez 1 % de rabais sur la totalité du contrat, je peux vous le signer dès demain. » C'est l'effet Colombo (« ah, j'oubliais... »). Si vous vous retrouvez face à une telle situation, vous pouvez conclure de la façon suivante :

- Récapituler les principaux points de la négociation et demander leur confirmation à votre interlocuteur.
- Valider qu'il a bien le pouvoir de décision en lui demandant une confirmation écrite.

Le deal est conclu, votre client est conservé.

Cependant, en amont de votre négociation, faites le point sur ce qui arriverait si vous ne signiez pas l'avenant désiré avec votre client. Dans une telle hypothèse, quelle serait effectivement la Meilleure solution de rechange (MESORE en français, ou BATNA en anglais pour « *Best Alternative To Negociated Agreement* ») que vous pourriez mettre en place pour pallier ce défaut de signature ? Ca n'est pas la solution optimum que l'on cherche ici, par définition, mais c'est une solution de rechange qui permette d'anticiper le pire. Pourquoi cela ? Pour que vous soyez plus calme lors des négociations et donc plus disponible pour jouer le jeu sans trop d'affect.

C'est une méthode de négociation éprouvée, qui fonctionne sur la base d'une grande préparation. Néanmoins, il est un paramètre que nous n'avons pas abordé bien qu'il soit à lui tout seul aussi important que la méthode elle-même. Il s'agit de la relation. Une négociation réussie repose tout à la fois sur une méthode éprouvée et sur un lien toujours maintenu avec son client. Ce dernier point est absolument fondamental. C'est pourquoi vous pouvez montrer des signes de connivence, laisser des pauses, revoir régulièrement votre interlocuteur, demander des nouvelles, montrer parfois aussi ce que vous ressentez, bref, soyez humain !

En somme, soyez dur avec les faits, doux avec les personnes, critique avec les idées.

Le réseau

Il reste un point fondamental à prendre en compte pour compléter votre prise de fonction. Nous avons décrit ci-dessus une méthode et beaucoup d'outils qui pourront vous aider à prendre la pleine mesure de vos nouvelles fonctions. Mais un point, crucial, n'a pas été abordé : que se passera-t-il si vous échouez dans votre prise de fonction ? Que ce soit dans les trois premiers mois ou plus tard, que ce soit de votre faute ou pas, que ferez-vous si vous échouez ?

Pour se prémunir d'un tel risque, passez du temps à développer votre réseau, au niveau personnel et professionnel. Il s'agit en effet de rester en contact avec des personnes qui pourront le cas échéant vous donner un coup de pouce ou vous renseigner sur la meilleure façon de vous repositionner. Souvent, les managers que nous avons préalablement accompagnés dans leur transition professionnelle gardent dans leurs nouvelles fonctions les réflexes du temps de leur recherche d'emploi : ils continuent à échanger de façon informelle avec des personnes qui ont un impact, direct ou indirect, sur leur domaine d'activité. Il ne s'agit pas ici de rencontrer des gens dans une perspective strictement intéressée, ni même de leur demander s'ils connaissent des opportunités dans leur secteur d'activité, mais seulement de garder le contact, de vous rappeler à leur souvenir et d'échanger sur vos problématiques professionnelles.

En reprenant régulièrement la liste de vos contacts professionnels, prenez des rendez-vous réguliers avec certains d'entre eux. Non seulement les personnes avec qui vous avez intérêt de garder le contact, mais aussi les personnes qui vous font plaisir, que vous aimez rencontrer. Vous constaterez en effet – cerise sur le gâteau – que c'est souvent avec les gens que l'on apprécie que l'on peut aussi créer une relation business de long terme.

Très concrètement, un entretien réseau (sauf si vous connaissez bien sûr déjà la personne) peut se décomposer de la façon suivante :

Conseil

> Élargissez sans cesse votre réseau afin de développer votre business et de maintenir votre employabilité.

- Présentation rapide (1 minute), de part et d'autre. À ce stade, soyez concis et centré sur le message clé que vous voulez faire passer (cf. techniques de communication ci-dessus).
- Questions relationnelles (si vous connaissez déjà votre interlocuteur) : « Comment allez-vous ? Quelles évolutions par rapport à ce que nous nous étions dit la dernière fois ? »
- Questions d'information : « Comment vont vos affaires ? Quels sont les points forts ? Les difficultés ? Le marché, la stratégie ? »

- Questions de conseil : « Que me conseillerez-vous pour développer mon activité ? Y a-t-il des synergies à trouver ensemble ? »
- Recherche de nouveaux contacts : « Qui me conseillez-vous de rencontrer pour approfondir mon investigation ? »
- Cette dernière étape est fondamentale, bien que souvent passée sous silence par de nombreux professionnels. C'est elle qui va vous permettre de rebondir sur de nouvelles personnes et ainsi d'accroître votre réseau.

Vous verrez que ce genre d'entretiens réseau, au début informel, pourra assez souvent déboucher sur des discussions vous permettant non seulement de mieux appréhender les possibilités de repositionnement éventuelles mais aussi de développer votre business actuel. Cela vous permettra donc non seulement d'être prêt en cas de coup dur mais aussi de développer des partenariats qui pourront s'avérer très intéressants. Prenez du temps pour expérimenter cette approche.

À retenir

Soyez visionnaire, bienveillant et implacable. Communiquez sur le « pourquoi » de vos actions et accompagnez vos collaborateurs. Vos compétences de manager s'acquerront moins dans un livre que dans la mise en pratique de vos actions et grâce à votre intuition. Faites-vous confiance. Si l'on vous a mis à ce poste c'est que vous avez les qualités requises !

Témoignage

Philippe Pauze, ex-président directeur général de Picard Surgelés

« Sauf en cas de retournement, il faut environ 6 mois pour vraiment poser ses marques et avoir un impact sur les affaires. À ce stade, il faut avoir défini la stratégie et lancé toutes les principales actions de fond. Les 100 premiers jours sont souvent plus une période d'observation, de mise en situation, de connaissance des équipes et de la concurrence. »

CONCLUSION

Les étapes décrites ici sont un processus naturel pour la plupart des prises de fonction. Il vous appartient personnellement de mesurer la pertinence de telle ou telle piste d'action proposée et d'évaluer la durée de chacune de ces phases (notamment dans des cas de changements accélérés). Votre prise de fonction sera en effet toujours unique et nécessitera une stratégie sur mesure.

Dans les cas d'entreprise en retournement, nécessitant des changements rapides, il vous faudra néanmoins être plus rapide que les 100 jours évoqués dans cet ouvrage. Une étude du BCG (source : « Perspectives », N° 401) s'appuyant aussi sur les témoignages d'un panel de dirigeants d'entreprises, vous invite ainsi à suivre une feuille de route très concrète en 10 points :

- Évaluez l'équipe de direction existante et formez votre équipe dans les 30 premiers jours
- Communiquez votre vision pour l'entreprise et assurez-vous que les collaborateurs comprennent comment vous y parviendrez ;
- Rencontrez 10 conseillers commerciaux et demandez-leur ce que l'entreprise devrait faire ;
- Rencontrez 10 clients extérieurs pour recueillir une vision extérieure de l'activité ;
- Soyez attentif à vos habitudes personnelles ;
- Dans la situation de redressement, gelez toutes les dépenses discrétionnaires jusqu'à ce que vous ayez déterminé vos priorités ;
- Apprenez comment l'entreprise crée la rentabilité : identifiez les points de leviers et développez des indicateurs simples ;
- Comprenez les problèmes que recèle le bilan et communiquez-les tôt ;

- Développez votre capacité à repérer les menaces et les opportunités cachées. Colmatez là où c'est nécessaire. Tenez une liste des « victoires rapides » ;
- Gérez les attentes de votre hiérarchie en élaborant un plan maître pour toutes vos communications et en veillant à ce que votre équipe ne s'en écarte pas.

Nous le voyons, les actions relevées par ces dirigeants dans des situations critiques restent comparables à celles que nous avons mises en exergue dans les prises de fonction plus habituelles. Mais plus rapidement.

Bref, que vous soyez dans une entreprise en retournement, dans une PME ou dans une entreprise de taille conséquente, déterminez avec précision le tempo de votre prise de fonction. Et ne négligez surtout pas la phase d'écoute et d'analyse, que beaucoup de managers ont souvent tendance à mettre de côté. Cette phase, quelle qu'en soit la durée, est absolument fondamentale.

Voici donc en synthèse les questions clés à vous poser pour servir de repère dans votre prise de fonction :

- D'où je viens ?
- Rester centré sur ma mission et rien d'autre.
- Comment fonctionne mon environnement ? Les 100 premiers jours.
- Quels sont les *quick wins* réalisables à partir de 3 mois ?
- Quelle est ma vision et ma stratégie pour l'avenir ?
- Comment constituer et souder mon équipe rapprochée ?

La prise de fonction est une étape passionnante de la vie professionnelle, mais risquée. C'est pourquoi nous recommandons de choisir un vis-à-vis avec qui parler de vos interrogations, surprises, difficultés sur ce changement professionnel. Il n'est souvent pas souhaitable de prendre son conjoint(e) comme interlocuteur, qui sera déjà impacté par le stress inhérent à votre prise de fonction. Un ami proche peut être un bon interlocuteur, mais validez qu'il connaisse *a minima* votre secteur d'activité et ait les capacités d'écoute nécessaires. Un ancien collègue, un mentor, peut être très utile ; bien choisi, il saura en effet comprendre la situation et vous renvoyer en miroir là ou vous en êtes. Le recours à un coach spécialisé est une solution de plus en plus utilisée ; validez néanmoins ses compétences et rencontrez en plusieurs avant de vous décider pour savoir si vous avez envie ou non de travailler avec lui ; les échanges seront en effet approfondis, le coaching vous amenant à vous poser des questions sur la méthode de prise de fonction mais aussi sur votre positionnement personnel par rapport à cette situation. Bref, choisissez votre solution, mais surtout ne restez pas seul.

Nous espérons vous avoir donné dans cet ouvrage quelques axes de réflexion utiles pour votre propre prise de fonction. N'oubliez pas que chaque transition professionnelle est unique. Si votre employeur vous a choisi pour ce nouveau défi, c'est donc que vous avez toutes les caractéristiques requises pour le relever.

Bon vent !

CE QUE J'AI RETENU

Sur une échelle de 1 (peu) à 4 (beaucoup), nous vous invitons à évaluer rapidement votre degré de maîtrise du processus de prise de fonction après avoir lu ce livre.

1. J'ai compris le positionnement économique de ma nouvelle entreprise

1 ☐ 2 ☐ 3 ☐ 4 ☐

2. Je sais quelles vont être les personnes clés de ma prise de fonction

1 ☐ 2 ☐ 3 ☐ 4 ☐

3. J'ai défini les premières actions que je vais mener dès mon arrivée

1 ☐ 2 ☐ 3 ☐ 4 ☐

4. Je sais comment créer une relation forte et stable avec mon N+1

1 ☐ 2 ☐ 3 ☐ 4 ☐

5. Je sais comment observer, écouter et interpréter mon nouvel environnement

1 ☐ 2 ☐ 3 ☐ 4 ☐

Brief du coach

- Si vous avez moins de 17 points à la suite de ce petit exercice, nous vous suggérons de relire les passages qui vous font défaut, avant de prendre vos nouvelles fonctions.
- Si vous avez entre 18 et 20 points à la suite de ce petit exercice, vous paraissez raisonnablement bien préparé à votre prise de fonction. Restez vigilant durant les 100 premiers jours et n'oubliez pas… d'écouter !

BIBLIOGRAPHIE

David AUTISSIER, *Petit traité de l'humour au travail*, Eyrolles, 2011.

Michel CROZIER et Erhard FRIEDBERG, *L'acteur et le système*, Points, 2014.

David DANIELS et Virginia PRICE, *The Essential Enneagram*, HarperOne, 2009.

François DUPUY, *Sociologie du changement*, Dunod, 2011.

Peter FISK, *Customer Genius*, Capstone, 2009.

Isaac GETZ et Brian M. CARNEY, *Liberté et Cie*, Fayard, 2012.

Olivier D'HERBEMONT et Bruno CÉSAR, *La stratégie du projet latéral*, Dunod, 2004.

Jacques-Antoine MALAREWICZ, *Systémique et entreprise*, Pearson, 2012.

Frédéric MARQUETTE, *100 jours pour réussir*, À contre courant, 2014.

Vineet NAYAR, *Employees first, customers second*, Harvard Business Review Press, 2010.

Daniel POROT, *3 premiers mois dans votre nouvel emploi*, Porot, 2001.

Michael PORTER, *The Five Competitive Forces That Shape Strategy*, Harvard Business Review, 2008.

Carl ROGERS, *Le développement de la personne*, Interéditions, 2005.

Marshall ROSENBERG, *Les mots sont des fenêtres*, La Découverte, 2016.

Michael D. WATKINS, *The first 90 days*, Harvard Business Review Press, 2013.

75235 - (I) - P 315 - OSB 90° - PCA - NGT

JOUVE
1, rue du Docteur Sauvé, 53100 MAYENNE
N° 2533024R
Dépôt légal : avril 2017

Imprimé en France